Gutes BIER selbst gebraut

Christine & Michael Hlatky • Franz Reil

Gutes BIER selbst gebraut

Gondrom

Lizenzausgabe für Gondrom Verlag GmbH, Bindlach 1998

ISBN 3-8112-1589-2

INHALT

VORWORT

Über Jahrtausende wurde Bier – oder die Vorläufer dieses alkoholischen Getränks – aus Wasser, Fladenbrot (Getreide) und Hopfen in jedem Haushalt gebraut; genauso selbstverständlich, wie auch das tägliche Brot gebacken wurde.
Auch wenn die Qualität dieser „Biere" mit dem Geschmack und dem Aussehen unserer heutigen Biere nur wenig gemein hatte, blieben doch die biotechnischen Abläufe des Brauens seither einigermaßen unverändert.
Erst durch die technischen Entwicklungen der letzten hundert Jahre und vor allem durch die Erfindung von elektrischen Kühlaggregaten wurde es – unabhängig von äußeren Witterungsverhältnissen – möglich, das ganze Jahr über haltbares Bier zu erzeugen. Mit dem Aufkommen von Lastkraftwagen konnte nunmehr Bier über weite Strecken ohne Qualitätsverluste transportiert werden, wodurch die vielen kleinen Hausbrauereien, aber auch das Brauen zu Hause als Folge des bequemen Einkaufs „genormter" Biere verdrängt wurden. Nach dem Zweiten Weltkrieg ging das Brauen zu Hause, abgesehen von einigen regionalen Ausnahmen, wie etwa „Zoiglbrauen" im Stiftland (Oberpfalz), völlig verloren.
Mit diesem Buch haben die Autoren den Versuch unternommen, diese verschüttete **jahrtausendealte Tradition wiederzubeleben.** Sie haben sich ferner bemüht, in einfacher, auch für den Hobby-Brauer verständlicher Form die Techniken der Biererzeugung darzustellen. Es handelt sich hier nicht um ein wissenschaftliches Fach- oder Lehrbuch für die Ausbildung zum Brauer, sondern um eine praktische Anleitung, Bier in einer Menge von 15–20 l zu Hause selbst herstellen zu können.
Es wurden möglichst alle wichtigen Handgriffe, die zum Brauen gehören, grafisch oder in Fotos dargestellt, und es wurde das für das Verständnis der Brauvorgänge notwendige theoretische Wissen auf das allernotwendigste Minimum beschränkt.
Die in diesem Buch dargelegten Verfahren wurden von den Autoren selbst ausprobiert, und sie sind nach eingehender Diskussion zur Überzeugung gelangt, sich in diesem Praxisbuch für den Hobby-Brauer auf ein einziges Brauverfahren (das am einfachsten durchzuführende **Infusionsverfahren**) zu beschränken. Die Angaben zur Gärung im Rezeptteil beziehen sich auf **„obergärige" Hefen,** da diese auch bei Temperaturen, die in einem normalen Haushalt herrschen, arbeiten können und keine großen technischen Installationen oder Kühlanlagen notwendig sind. Der Fachmann möge diese – durchaus beabsichtigten – Vereinfachungen verzeihen.
Was also hindert Sie noch daran, für Ihre Freunde, für eine Gartenparty oder einfach aus Neugierde den Versuch zu starten, Ihr eigenes Bier zu Hause zu brauen? Sie werden sehen: die erforderlichen Töpfe, Thermometer, Filter etc. sind auch in Ihrem Haushalt vorhanden oder ohne größeren finanziellen Aufwand zu besorgen. Die Rohstoffe für Ihren ersten Brauversuch erhalten Sie im einschlägigen Fachversand, bei Ihrer örtlichen Brauerei oder einer Hausbrauerei.

DIE GESCHICHTE DES BIERES

Die Geschichte des Bieres ist aufs engste mit der Menschheitsgeschichte verbunden. Als der Mensch begann, seßhaft zu werden und Ackerbau zu betreiben, schuf er sich mit den von ihm kultivierten Getreidesorten die Voraussetzung, um daraus mittels Vergärung ein alkoholhaltiges Getränk herstellen zu können.
Seit ungefähr **5000–3000 v. Chr.** wird nachweisbar Bier gebraut; **Sumerer, Assyrer, Babylonier, Syrer** und **Ägypter** waren gleichsam die Pioniere des heutigen Bieres. Man darf aber nicht glauben, daß dieses vergorene Getränk „Bier" in unserem heutigen Sinn und Geschmack gewesen ist, auch wenn die Rohstoffe Wasser, Hopfen, Brotgetreide und wilde Hefearten bereits damals seine wichtigsten Bestandteile waren.
Bei den **Ägyptern** war Bier ein Volksgetränk, das sogar an Sklaven in festgesetztem Umfang als „Grundnahrungsmittel" ausgeschenkt wurde. Aus Darstellungen in den ägyptischen Königsgräbern wissen wir, daß Bier aus Tonkrügen mit einem Strohhalm getrunken wurde, wodurch die in diesem Getränk enthaltenen Getreidereste zurückgehalten wurden.
Erst bei den **Römern** geriet Bier als „barbarisches" Getränk in Verruf, und dem Wein wurde der Vorzug gegeben; dies schon deshalb, weil die Feinde der Römer – Gallier und Germanen – Biertrinker waren, die Römer selbst jedoch den Wein bevorzugten.
Im frühen Mittelalter, etwa um **700 n. Chr.**, begannen die ersten Klöster im deutschen Raum Bier zu brauen. In Geschichtsbüchern erwähnt werden **Ettal** (um 800) und **St. Gallen** (um 1000). Von St. Gallen stammen auch die ersten Aufzeichnungen und Pläne über Anlagen für die gewerbliche Herstellung von Bier in eigens dazu errichteten Sudhäusern und Gärkellern. Bier wurde in diesen Klöstern aber nicht nur für den Eigenbedarf der Mönche gebraut, vielmehr wurde es an Pilger, Wanderer und Bedürftige vorerst kostenlos, später als sehr lukrative Einnahmequelle ausgeschenkt. Damit wurde Bier in Deutschland, Belgien und auch im slawischen Raum zum Volksgetränk; in den Haushalten kam „selbstgebrautes Bier" in Mode. Für seine Herstellung waren vorwiegend Frauen zuständig. Im Mittelalter wurde somit der brave Bürgersmann von seiner Gesponsin abends mit einer Kanne selbstgebrauten Bieres als Labtrunk empfangen. Aufgeräumt werden muß auch mit dem weitverbreiteten Vorurteil, daß Bierbrauen und Biertrinken reine Männersache seien. Richtig ist vielmehr, daß das **Brauen von Bier über Jahrtausende hinweg eine weibliche Domäne gewesen ist!**
Da Bier seinerzeit das einzige Getränk war, das während des Brauvorganges zumindest einmal sterilisiert wurde, repräsentierte es das gesündeste Getränk des Mittelalters und der frühen Neuzeit, zumal damals Wasser und Milch weit von unserem heutigen hygienischen Standard entfernt waren.
Bis ins 19. Jahrhundert wurde Bier „obergärig" gebraut, da dazu weniger Kühlung notwendig war. Es war auch wesentlich einfacher zu erzeugen, hatte aber den entscheidenden Nachteil der nur beschränkten Lagerfähigkeit und Haltbarkeit.
„Untergärige" Biere konnten nur in den Wintermonaten gebraut werden, da sie während der Gärung entsprechend mit Eis gekühlt werden mußten. Dazu verwendete

man Natureis aus zugefrorenen Teichen. Die Eichenfässer wurden in den Gärkellern mit diesem Eis zugedeckt. Der Name **„Märzenbier"** stammt noch aus jener Zeit, da nur bis zu diesem Monat ein haltbares untergäriges Bier für die Sommermonate gebraut werden konnte.
Der Transport war damals auf den schlechten Wegen und mit den zur Verfügung stehenden Mitteln noch sehr problematisch, daher gab es in vielen Orten mehrere Braue-

Im Eiskeller

reien. Hamburg beispielsweise hatte im 16. Jahrhundert mehr als 600! Die erste größere Brauerei Deutschlands entstand in **Weihenstephan** (gegründet 1043), wo sich noch heute die Abteilung für Brauwesen der Technischen Universität München befindet.
Um die Qualität des angebotenen Bieres zu erhöhen, erließ **Herzog Wilhelm von Bayern** 1516 ein Gesetz, das unter dem Begriff **„Deutsches Reinheitsgebot"** bis heute ausschlaggebend für die Qualitätsansprüche deutscher Biere ist und das die ausschließliche Verwendung der Rohstoffe **Wasser, Malz, Hopfen** und später **Hefe** zur Herstellung von Bier vorschreibt.
Sehr bald erkannten Fürsten und andere Herrscher die wirtschaftliche Bedeutung der Bierherstellung und erließen entsprechende Steuergesetze, um an den Gewinnen des Bierverkaufs zu partizipieren. Daran hat sich leider bis in die heutige Zeit nichts geändert, wie Sie dem Anhang über rechtliche und fiskalische Auswirkungen des Bierbrauens entnehmen können.
Untergärige Biere, wie sie heute vorwiegend getrunken werden, wurden industriell erst im 19. Jahrhundert erzeugt, nach der Erfindung der Kühlmaschine durch Herrn

Bierabfüllung und Bierverkostung anno 1892

Linde. Somit war man bei der Biererzeugung erstmals von jahreszeitlichen Wettereinflüssen unabhängig. Revolutionierend in der industriellen Erzeugung von untergärigem Bier war **Anton Dreher** in Wien.
Da es nunmehr auch möglich war, Bier mit den neuen Verkehrsmitteln Bahn, Lastkraftwagen und Dampfschiffen zu transportieren, verschwanden allmählich die kleinen Brauereien in den einzelnen Orten. Einheitlich gute Biere konnten in ganz Europa und auch nach Übersee versandt werden, wobei aber auch der individuelle Geschmack so mancher Biere verlorenging.
So liegt es auf der Hand, daß sich viele Leute heute fragen, wie man etwas ganz Spezielles erzeugen könne, vielleicht Bier in den eigenen vier Wänden? Mein eigenes Bier mit meiner eigenen, unverwechselbaren Geschmacksnote?
Dieses Buch versucht, jene Tradition des häuslichen Bierbrauens wiederzubeleben, die spätestens nach dem Zweiten Weltkrieg verlorenging – im Unterschied zu den Entwicklungen in Belgien, England oder den Vereinigten Staaten von Amerika, wo sehr viele Bierliebhaber sich nach wie vor ihr eigenes Bier brauen.
Gerade in einer Zeit, in der eine zunehmende Rückbesinnung auf **Naturprodukte** stattfindet, liegt das Selberbrauen von Bier für den Eigenbedarf oder für Freunde anläßlich einer Bierparty voll im Trend der Zeit. Brauereien in den eigenen vier Wänden

Biertransport durch Ochsen

werden gewiß den großen industriellen, gewerblichen Brauereien keine nennenswerte Konkurrenz machen; im Sinne einer größeren Bereicherung der Geschmacksvielfalt des ziemlich einheitlichen Bierangebotes sind alle diese Bestrebungen zu begrüßen, und wie die stürmische Entwicklung im Bereich der **Hausbrauereien** zeigt, sucht der Bierliebhaber des ausgehenden 20. Jahrhunderts genau diese Vielfalt.
Auch wenn sich die technische Ausstattung einer großen Brauerei von Ihren „Sudtöpfen" am Herd ganz wesentlich unterscheidet, blieb der bei der Bierherstellung ablaufende **biochemische Prozeß** seit Jahrtausenden unverändert. Bier, nach dem bereits angesprochenen „Deutschen Reinheitsgebot" gebraut, ist ein Naturprodukt, das – wie viele Untersuchungen zeigen – fast mit keinen Schadstoffen belastet ist und das, freilich nur in Maßen konsumiert, nicht nur ein hochwertiges Lebensmittel, sondern auch ein erfrischendes, durstlöschendes Getränk mit nicht unbedeutenden medizinischen Auswirkungen ist.
Bier ist aber nicht nur ein Getränk, sondern seit alters her auch ein wichtiges wirtschaftliches Produkt, das schon zu so manchen Konflikten geführt hat – Konflikte, die bis in die Gegenwart reichen, denken Sie nur an die Streitigkeiten, die in der Europäischen Union ausgelöst wurden betreffend die Zulassung von Bieren aus anderen Ländern der EU für den deutschen Markt, die nicht nach den strengen Bestimmungen des „Deutschen Reinheitsgebotes" gebraut werden.

Eine dekorative Hausbrauerei

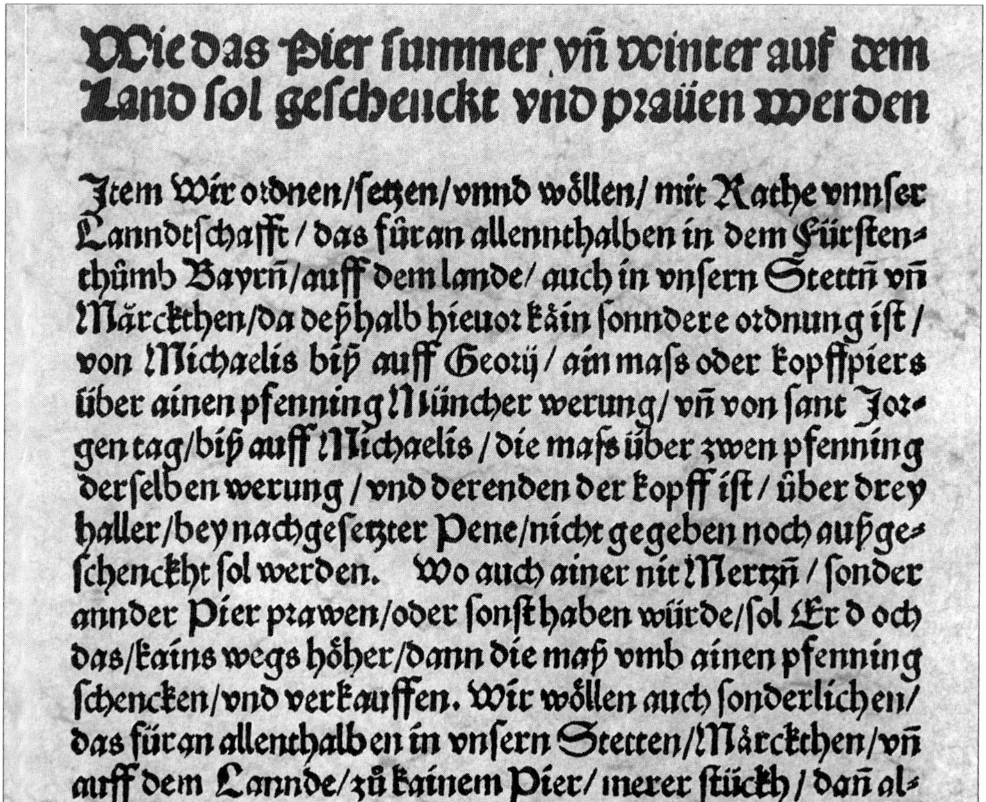

Wie das Pier summer vñ winter auf dem Land sol geschenckt vnd praüen werden

Item Wir ordnen/setzen/vnnd wöllen/ mit Rathe vnnser Lanndtschafft / das füran allennthalben in dem Fürstenthumb Bayrñ/auff dem lande/ auch in vnsern Stettñ vñ Märckthen/da deßhalb hieuor kain sonndere ordnung ist / von Michaelis biß auff Georij / ain mass oder kopffpiers über ainen pfenning Müncher werung/ vñ von sant Jorgen tag/biß auff Michaelis / die mass über zwen pfenning derselben werung / vnd derenden der kopff ist / über drey haller/bey nachgesetzter Pene/nicht gegeben noch außgeschenckht sol werden. Wo auch ainer nit Mertzñ / sonder annder Pier prawen/oder sonst haben würde/sol Er doch das/kains wegs höher/dann die maß vmb ainen pfenning schencken/vnd verkauffen. Wir wöllen auch sonderlichen/ das füran allenthalben in vnsern Stetten/Märckthen/vñ auff dem Lannde/zů kainem Pier/ merer stückh / dañ allain Gersten /Hopffen/vñ wasser/genomen vñ gepraucht sölle werdñ. Welher aber dise vnsere Ordnung wissentlich überfaren vnnd nit hallten wurde / dem sol von seiner gerichtzöbrigkait / dasselbig vas Pier/ zůstraff vnnachläßlich/ so offt es geschicht / genommen werden. Iedoch wo ain Gäuwirt von ainem Pierprewen in vnnsern Stettñ/ Märckten/oder aufm lande/yezůzeitñ ainen Emer piers/ zwen oder drey/kauffen / vnd wider vnnter den gemaynnen Pawrsuolck außschenncken würde/ dem selben allain/ aber sonnßt nyemandts/sol dye maß / oder der kopffpiers/ vmb ainen haller höher dann oben gesetzt ist/ zegeben/ vñ/ außzeschencken erlaubt vnnd vnuerpotñ.

Urkunde des „Reinheitsgebotes“ von 1516

ROHSTOFFE

Sie haben sicher schon festgestellt, daß Bier nicht gleich Bier ist, obwohl die Rohstoffe **Wasser, Malz, Hopfen** und **Hefe** vorgegeben sind. Es ist eigentlich erstaunlich, welche Sortenvielfalt sich aus diesen vier Grundstoffen herstellen läßt – vom herben „Pils" bis zum dunklen „Malzbier", vom hellen „Champagnerweißbier" bis zum dunklen „Altbier", bei nur geringen Varianten in der Zusammensetzung und Menge dieser Zutaten.

Bei Ihren ersten Brauversuchen werden Sie erkennen, daß Sie, auch wenn Sie die Angaben über Mengen, Zeit, Temperatur, Gärung und Lagerung genau gleich belassen, nie – oder nur sehr selten – zwei gleichschmeckende Biere brauen werden. Während sich Großbrauereien mit modernen Laboreinrichtungen, Wasseraufbereitungsanlagen und dem Einkauf größerer Mengen von Rohstoffen behelfen können und damit eine annähernd gleichbleibende Qualität ihrer Biere garantieren, sind Sie bei Ihrem Brauen zu Hause noch viel mehr von der Qualität der einzelnen Rohstoffe abhängig.

Können Sie sich etwa bei der **„Aufbereitung"** Ihres Brauwassers beispielsweise mit biologischer Milchsäure behelfen, so fehlt Ihnen doch jegliche Einflußnahme auf Malz und Hopfen, da es sich bei diesen beiden Rohstoffen um Naturprodukte handelt, die von Jahr zu Jahr – je nach Witterungsverhältnissen, Bodenbeschaffenheit, Lagerung und Weiterverarbeitung – anders beschaffen sind. Diese von Ihnen nicht zu beeinflussenden Faktoren haben aber entscheidende Auswirkungen auf den Geschmack und die Qualität des Endproduktes Bier.

Malz und Hopfen sind auch nicht unbegrenzt lagerfähig; vielmehr verlieren sie mit der Zeit sehr stark an Qualität, so daß wir Ihnen die Verwendung möglichst frischer Ware (z. B. geschrotetes Malz vakuumverpackt) empfehlen.

Jeder Brauvorgang in den Dimensionen, die in diesem Buch vorgestellt werden, ist ein Versuch, aus den gegebenen Rohstoffen das beste Endprodukt herzustellen. Um in Zukunft Fehler vermeiden zu können, aber auch um im Nachhinein die Rezeptur eines besonders gelungenen „Sudes" nachvollziehen zu können, empfehlen wir Ihnen unbedingt, ein **Brauprotokoll** über jeden Brauvorgang zu führen (das Muster eines solchen Brauprotokolles finden Sie auf Seite 68).

Wie bei allen Tätigkeiten, macht auch beim Brauen Übung den Meister, und Sie werden sehen, wie rasch Sie sich einen Erfahrungsschatz aneignen und damit für weitere Brauversuche bestens gerüstet sind. Lassen Sie sich nicht verunsichern: es gibt nicht **„das Bier"**. Brauen Sie das Ihnen am besten schmeckende Bier, und lernen Sie nach dem Motto „Versuch und Irrtum". Es ist noch kein Braumeister vom Himmel gefallen; immerhin können Sie den Beruf des Brauers ja auch nur nach einer einschlägigen Lehre oder nach einem abgeschlossenen Universitätsstudium antreten.

> Bierbrauen ist angewandte Biotechnologie. Der Brauer setzt natürliche Vorgänge dazu ein, um aus natürlichen Rohstoffen ein natürliches Getränk zu brauen.

WASSER

Der allerwichtigste Rohstoff zur Bierbereitung ist das **Wasser.** Die Güte eines Bieres hängt vorwiegend von der **Qualität des Brauwassers** ab. Es ist daher kein Zufall, daß es früher – trotz Unkenntnis dieses Sachverhaltes und ohne chemische Analysen des Wassers – in manchen Gegenden besonders gute Biere gab, beispielsweise das **„Pilsner“** in Pilsen, welches einst wie heute weltberühmt ist und dessen guter Ruf fast ausschließlich auf die hervorragende Wasserqualität des Brauwassers zurückzuführen ist. Heute kann man mit Hilfe modernster chemischer Analysen die Qualität des Wassers bestimmen und mit verschiedenen technischen und chemischen Methoden das Brauwasser aufbereiten. Leider ist es infolge der gewaltigen Umweltverschmutzung kaum mehr möglich, Wasser in seinem ursprünglichen Zustand für Brauzwecke zu verwenden, daher wird es in allen Brauereien mittels Filter, Wasserenthärtungsanlagen und Phosphatausscheidern (Ionentauscher) chemisch aufbereitet. Brauwasser soll weich und nicht über 10 deutsche Härtegrade sein, frei von Nitraten, Magnesium, Schwefel und organischen Verunreinigungen. Der Härtegrad bezeichnet den Gehalt an verschiedensten Salzen und Mineralstoffen, die völlig natürlich aus dem Boden gelöst werden. Die Eigenheiten der Wässer sind für den individuellen Geschmack jedes Bieres mitverantwortlich und nicht zuletzt auch bestimmend für die Bierqualität.
Der **pH-Wert** (Säurewert) des Brauwassers soll nicht über 5 liegen, da bei höheren Werten die Enzyme den Stärke- und Eiweißabbau nicht so stark vollziehen wie bei niedrigen pH-Werten. Der pH-Wert beeinflußt entscheidend die Tätigkeit der Enzyme des Bieres und damit die Ausbeute des „Sudes“.

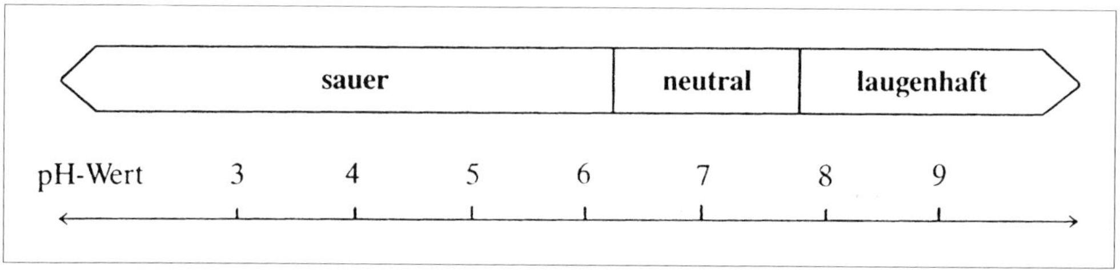

Bei höheren Werten ist es für den Hobby-Bierbrauer das einfachste, den pH-Wert des Wassers durch **biologische Säuerung** (lebensmittelechte Milchsäure) auf den gewünschten niedrigen pH-Wert zu bringen.
Den Härtegrad Ihres Wasses können Sie über Ihr Wasserwerk erfragen, wo man Ihnen auch den pH-Wert bekanntgeben wird. Den pH-Wert Ihres Brauwassers selber prüfen können Sie mit im Handel erhältlichem **pH-Indikatorpapier** zur Bestimmung des Säuregrades von Flüssigkeiten. Auf Seite 19 sehen Sie ein solches Teststreifchen, welches

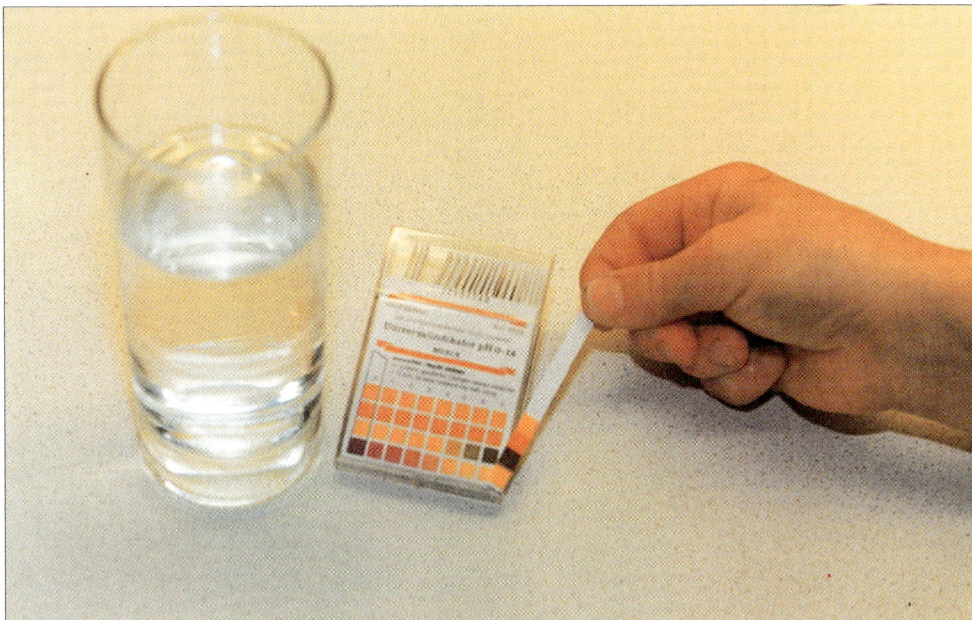

Testen des Brauwassers mittels pH-Indikatorstreifens

Hopfen: Naturhopfen, Pellets in verschiedenen Größen

ins Brauwasser gehalten wird. Anschließend wird die Farbe an der Skala der Schachtel mit dem Farbton des Teststreifens verglichen.
Bei stark verunreinigtem Wasser bzw. in Gegenden, in denen das Wasser vor der Verwendung bereits öfters aufbereitet wurde, ist es eventuell sogar notwendig, Tafelwasser (ohne Kohlensäure) oder Mineralwasser (mit oder ohne Kohlensäure) als Brauwasser zu verwenden.
Brauereien wissen um die Bedeutung von einwandfreiem Wasser zur Herstellung von Bier und verfügen daher zumeist über eigene Brunnen, womit sie einen optimalen Rohstoff für ihre Produktion besitzen. Sie scheuen auch keine Kosten und Mühen, Brauwasser über weite Strecken zu transportieren.
Wasser wird beim Herstellen von Bier aber nicht nur als Brauwasser, sondern auch zu Reinigungs- und Kühlzwecken verwendet. Auf die mit der Reinigung der Braugeräte einzuhaltenden Hygienevorschriften wird noch gesondert eingegangen werden.

HOPFEN

Hopfen ist ein **Maulbeergewächs,** das als Feldfrucht in Hopfengärten angebaut wird. Er enthält bitter schmeckende Stoffe, die dem Bier Würze und Haltbarkeit verleihen. Für die Biererzeugung verwendet man ausschließlich die nicht befruchteten weiblichen Dolden dieser Schlingpflanze.
Bereits die Babylonier und Ägypter verwendeten Hopfen; die Germanen jedoch vorerst die bittere Eichenrinde. In der Frühzeit bediente man sich des Hopfens vorwiegend dazu, das Bier haltbar zu machen, ohne zu wissen, daß er antibakteriell wirkt.
Heute kommt Hopfen hauptsächlich wegen seines edlen, bitteren Geschmackes, der dem Bier den typischen Charakter verleiht, zur Anwendung. Hopfen bewirkt ferner eine bessere Eiweißausscheidung beim Brauprozeß, und es kommt beim fertigen Bier zu weniger physikalisch bedingten Trübungen. Er beeinflußt darüber hinaus die Konsistenz des Bierschaumes, und durch seine stabilisierende Wirkung wird das Bier länger haltbar.
Sämtliche Wirkstoffe des Hopfens sind bisher noch nicht restlos analysiert und erforscht worden.
Für Brauzwecke gibt es Hopfen in **getrockneter Form,** als **Pulver** oder in sogenannten **„Pellets"** (gepreßte kleine, zigarettendicke Stangen). Die **Form** der Hopfenzugabe im Brauvorgang hat auf die Qualität des Bieres keinen Einfluß, sehr wohl aber gibt es Qualitätsunterschiede je nach Anbaugebiet des Hopfens. **Vorsicht daher bei der Hopfenzugabe zur Würze!** Gerade die richtige Dosierung des Hopfens erfordert sehr viel Fingerspitzengefühl und Erfahrung. Als Grundregel gilt: je mehr Hopfen, desto herber, bitterer wird das Bier; je weniger Hopfen, desto milder, malziger schmeckt es. Auch

hier gilt wieder: „Probieren geht über Studieren"! Gerne wird Ihnen Ihr Lieferant des Hopfens oder ein Braumeister Auskunft über Qualität und Intensität des verwendeten Hopfens geben (siehe Bezugsquellenverzeichnis Seite 101ff.).
Die gepreßten Hopfenpellets und das Hopfenpulver sind viel intensiver als der getrocknete Hopfen. Bei den Angaben im Rezeptteil gehen die Autoren von Hopfenpellets aus, da diese zur Verarbeitung zu Hause besser geeignet sind. Sie bilden beim Filtern weniger Rückstände und erleichtern damit den Filtervorgang. Die getrockneten Hopfenblätter verstopfen das Gewebe beim Filtern der Würze leichter.

Frischer Hopfen ist ein besonders heikles Agrarprodukt: Wird er zu warm oder nicht luftdicht gelagert, verliert er innerhalb eines Jahres bis zu 35 Prozent seines Brauwertes, da die flüchtigen, feinen Aromen verlorengehen.

Im fertigen Bier verbleiben ungefähr 20 Prozent der Hopfenbitterstoffe. Sie sind, wie bereits erwähnt, nicht nur für den Geschmack, sondern auch für die Haltbarkeit des Bierschaumes verantwortlich. Die Hopfenöle verleihen dem Bier sein Aroma, und die Gerbstoffe wirken sich positiv auf die Haltbarkeit aus. Auch die antiseptische Wirkung der Lupulin(Bitterstoffe)-Körner, die im Bier die Vermehrung von Milchsäurebakterien verhindert, ist für die Biererzeugung nicht unwesentlich.

MALZ

Malz wird aus zweizeiliger Sommergerste **(Braugerste)** erzeugt, welche sich von der Futtergerste dadurch unterscheidet, daß sie mehr Stärke enthält, die im Brauprozeß in Maltose (Malzzucker) umgewandelt wird.
Futtergerste hingegen weist weniger Stärke, aber mehr Eiweiß auf und eignet sich ferner für die Ernährung von Tieren.
Maltose und **Dextrine** sind jene Bestandteile des Malzes, die sich aus der im Malz vorhandenen Stärke bilden, sich dann im Endprodukt Bier wiederfinden und denen die Nahrhaftigkeit des Bieres nachgesagt wird, wie bereits die **hl. Hildegard von Bingen** im Mittelalter wußte. Die Nahrhaftigkeit des Bieres wird übrigens maßlos überschätzt; vielmehr wird durch die appetitanregende Wirkung des Bieres mehr feste Nahrung zu sich genommen, was in der Folge zur Gewichtszunahme führt. Bier an sich ist auf keinen Fall „flüssiges Brot" oder eine „Kalorienbombe"!
Der Stärkeabbau des Malzes wird durch zwei verschiedene Enzyme ermöglicht:

Bier hat wenig Kalorien

Getränke	Kalorien/100 g	Joule/100 g
Lager-/Märzenbier 12 Grad	45	188
Spezialbier 13 Grad	49	205
Limonade	45–60	188–251
Wein	60–65	251–272
Vollmilch	65	272
Sekt	100–130	419–544
Süßwein	150	628
Whisky	300	1256

Quelle: Alkohol und Recht, „Reader's Digest"

Alphaamylase und **Betaamylase;** sie arbeiten bei verschiedenen Temperaturen. **Enzyme** sind Biokatalysatoren, die in lebenden Zellen erzeugt werden, biochemische Prozesse auslösen oder beschleunigen, wobei sie selbst unverändert bleiben.
In gut bearbeitetem Malz sind viele Enzyme vorhanden, welche bei bestimmten Temperaturen des Brauvorganges aktiv werden und dann die Stärke in Zucker umwandeln. Je mehr Enzyme das Malz enthält, desto besser gelingt die „Würze" und, daran anschließend, das Bier. Es gibt helles und dunkles Malz, abhängig von Art und Dauer des Malzvorganges.
Da nach dem „Deutschen Reinheitsgebot" für die Bierherstellung nur Gerstenmalz verwendet werden darf – eine Ausnahme bildet lediglich Weizenmalz für die Herstellung von Weizenbier –, sei hier nur ganz kurz auf den Malzvorgang eingegangen, der aber für das Bierbrauen zu Hause zu zeitintensiv und umständlich ist. Selbst die meisten Großbrauereien besitzen heute keine eigenen **Mälzereien** mehr, sondern überlassen das Mälzen darauf spezialisierten Betrieben.
Für das Brauen zu Hause beziehen wir unser Malz geschrotet und vakuumverpackt oder als ganze Malzkörner (vom einschlägigen Fachhandel, von einer Mälzerei oder bei einer Brauerei; siehe Bezugsquellenverzeichnis Seite 113ff.).
Für erste Brauversuche eignet sich auch **Flüssigmalz,** welches Sie in Drogerien und Reformhäusern erhalten, doch werden Sie bald zu „echtem" Malz übergehen.

Mälzen

Zum Verständnis sei hier nur kurz und sehr vereinfacht das Verfahren der Malzherstellung (Mälzen) erklärt:
Braugerste wird in Wasser eingelegt, quillt dadurch auf und wird anschließend bei einer Temperatur von 12–16° C zum Keimen gebracht.
Während des Keimprozesses wird dieses „grüne" Malz durch ständige Bewegung umgeschichtet und nach einigen Tagen getrocknet **(gedarrt).** Früher erfolgte diese Trocknung über offenem Feuer, was dem Malz einen „rauchigen" Geschmack verlieh, heute durch Heißluft. Dunkles Malz wird beispielsweise länger und heißer (105° C) gedarrt als helles (80° C).
Die Malzkörner werden vor dem eigentlichen Brauvorgang zerkleinert **(geschrotet),** damit sich die Inhaltsstoffe des Malzes im Brauwasser besser lösen. Für unsere Mengen am besten geeignet sind handelsübliche **Getreide-** oder **Kaffeemühlen** (händisch auf der gröbsten Stufe) bzw. Aufsätze auf **Küchenmaschinen,** welche eine grobe Schrotung des Malzes erlauben. Weniger geeignet sind elektrische Kaffemaschinen, da in ihnen die Malzkörner zu stark zerkleinert werden.
Selbstverständlich erhalten Sie über den Fachhandel bereits geschrotetes Malz vakuumverpackt und ungeschrotetes Malz lose. Sollte sich in Ihrer Nähe eine „Hausbrauerei" befinden, fragen Sie doch den Wirt oder Braumeister, ob er Ihnen eine kleine Menge Malz für Ihren „Sud" zu Hause überläßt. Das gleiche gilt auch für Hopfen und Hefe, die Sie ebenfalls von Ihrem „Kollegen" in Kleinmengen beziehen können.

Karamelmalz

Sie werden bei den Rezepten im Rezeptteil manchmal die Angabe „Karamelmalz" finden. Dieses speziell behandelte Malz ist im Fachhandel erhältlich und verleiht dem Bier den **vollmundigen Geschmack** (Zugabe max. 20 Prozent der Maische).

Weizenmalz

Das „Deutsche Reinheitsgebot" erlaubt als einzige Ausnahme zum Brauen von obergärigem **Weizenbier** die Zugabe einer gewissen Menge Weizenmalz (max. 30 Prozent der Maische).

Der Malzvorgang

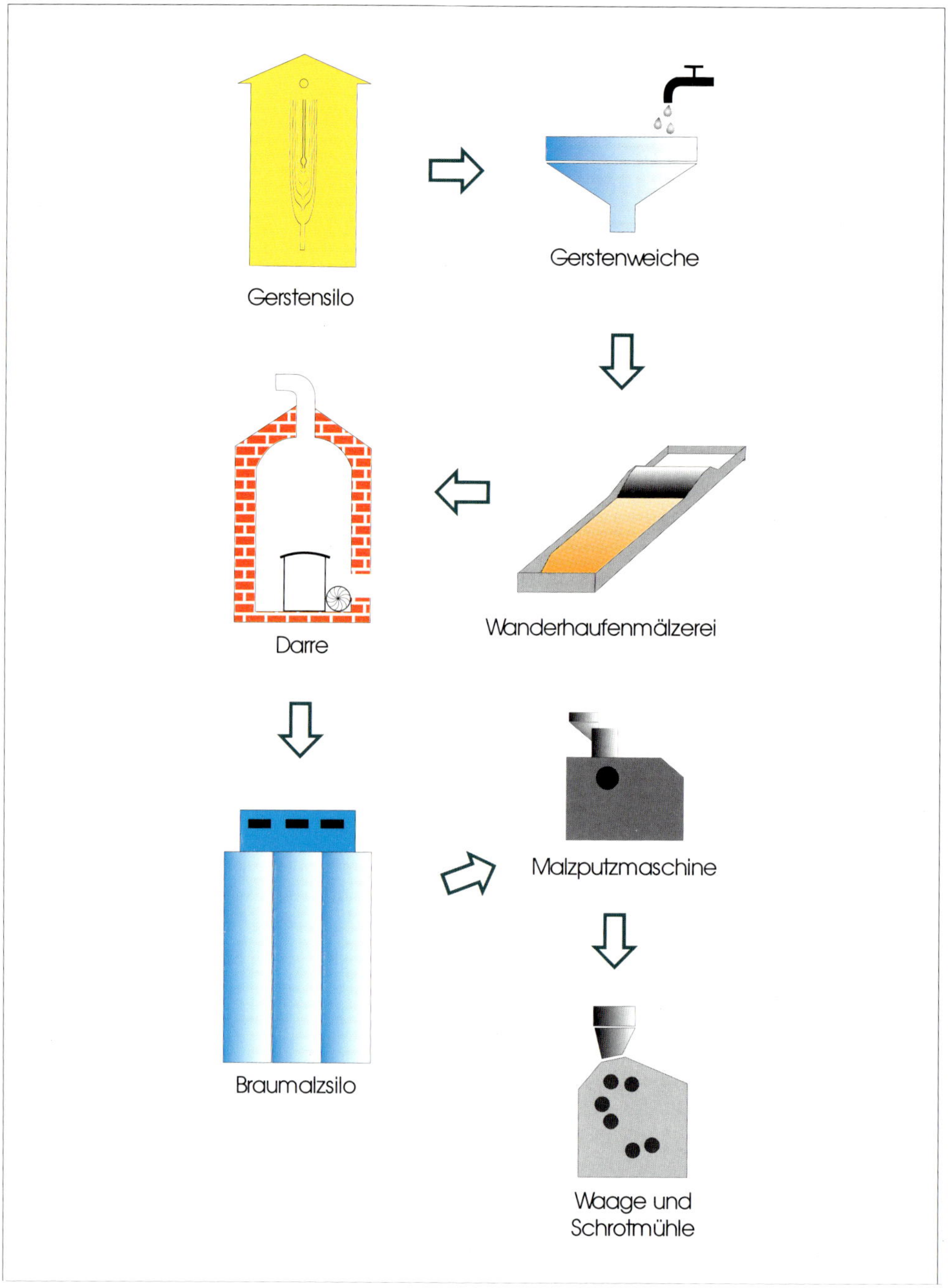

Flüssigmalz

Für erste Brauversuche eignet sich auch Flüssigmalz. Diese sirupartige Flüssigkeit ist in Blechdosen bzw. Glasgläsern erhältlich (siehe dazu das erste Braurezept Seite 75).

Andere Malzarten

Sicher kennen Sie Spezialbiere, die im Handel angeboten werden und andere Zutaten enthalten.
In den Vereinigten Staaten und Mexiko wird **Mais** zur Bierherstellung verwendet. In Afrika ist es **Hirse,** in Asien **Reis** und **Maniok.** Bis zur Einführung des „Reinheitsgebotes“ wurde auch in Deutschland Bier aus **Hafer** und anderen Rohstoffen gebraut.

HEFE

Hefen sind **Mikroorganismen,** die erst bei 800facher Vergrößerung unter dem Mikroskop gut sichtbar werden. Die für die Biererzeugung verwendeten Hefen werden seit dem 19. Jahrhundert in speziellen Labors in Reinkulturen gezüchtet. Bis zu diesem Zeitpunkt kam es zur Gärung des Bieres mehr oder weniger zufällig durch die in der Luft enthaltenen **„wilden“ Hefen.**
Hefe hat die Eigenschaft, Malzzucker bei den entsprechenden Temperaturen in Alkohol und Kohlensäure (CO_2) umzuwandeln. Es gibt zwei Arten von Hefen, die **untergärigen** (Saccaromyces carlsbergensis), die bei einer Temperatur von 5–10° C und bei einem pH-Wert von 4–5 arbeiten, und die **obergärigen** Hefen (Saccaromyces cerevisiae), die bei einer Temperatur von 15–20° C und einem pH-Wert von 4–5 aktiv werden. Untergärige Hefen setzen sich nach Beendigung des Gärprozesses am Boden des Gärbottichs ab (daher auch der Name „untergärig“), während sich obergärige Hefen an der Oberfläche des Gärbottichs als Schaum absetzen und abgeschöpft werden. Bei letzteren vollzieht sich der Gärprozeß rascher, ca. in 2–3 Tagen; untergärige Hefen hingegen gären 7–8 Tage. Untergärig gebraute Biere sind z. B. „Märzen“, „Spezial“, „Pilsner“, „Dunkel“, „Export“ und „Bock“; obergärig gebraute englisches „Ale“, „Berliner Weiße“, „trübe Weizenbiere“ und „klare Champagnerweiße“ oder „Altbier“.
In diesem Buch erfolgt die Beschränkung bei der Gärung auf die „ursprünglichen“ obergärigen Hefen, da in der Praxis zu Hause Sie die Kühlung der Würze auf die für untergärige Hefen notwendigen Gärtemperaturen (5–10° C) in Ihrem Keller vor schwer lösbare Kühlprobleme stellen würde.

Malz: ungeschrotet; geschrotetes helles und Karamelmalz

Trockenreinzuchthefe

Selbstverständlich können die im Rezeptteil angeführten Biere auch mit untergärigen Hefen oder im Winter bei entsprechend niedrigen Außentemperaturen mit untergärigen Hefen gebraut werden. Zwar verlängert sich dann der Gärprozeß, dafür steigen aber Haltbarkeit und Lagerfähigkeit dieser Biere.
In Großbrauereien wird heute mit Ausnahme von Spezialbieren (Weizenbieren, Altbieren) wegen der bereits angesprochenen besseren Lager- und Transportfähigkeit dieser Biere fast nur mehr untergärig gebraut.
Wichtiger als die Art der Hefen ist für das Bierbrauen zu Hause die verfügbare Form der Hefe. Grundsätzlich unterscheidet man zwei Formen: **flüssige Hefe** und **Trockenhefe.**

Flüssighefe

ist eine **bräunliche Flüssigkeit,** die bereits sehr intensiv nach Bier riecht. Diese Form der Hefe kann der Würze in den für die Vergärung angegebenen Mengen ohne weitere Vorbehandlung beigegeben werden.

Trockenhefe

Ähnlich den für die Erzeugung von Kuchen und Gebäck verwendeten Backhefen (Verwandte der Bierhefe) gibt es auch speziell gezüchtete Bierhefen, denen in einem Trocknungsprozeß die Flüssigkeit entzogen wurde. Diese Trockenhefen – sie sind, praktisch verpackt, in Plastiksäckchen erhältlich – müssen vor dem Gärvorgang und dem Beigeben zur Würze mit Wasser „neu belebt" werden. Den Beipackerklärungen dieser Trockenhefesäckchen können Sie die angegebene **Quillzeit** und die beizufügende Wassermenge entnehmen; ferner auch für welche Mengen Bier die jeweilige Hefepackung ausreicht.
Da Trockenhefen durch Transport und unsachgemäße Lagerung in ihrer Gärwirkung leiden können, empfiehlt es sich, sie bereits einige Stunden vor dem Gärprozeß in Wasser aufzulösen, damit Sie sehen können, ob die Hefezellen auch tatsächlich arbeiten.
Hierzu ein Tip: Wenn Sie sich nicht ganz sicher sind, ob Ihre Trockenhefen arbeiten, fügen Sie aufgekochtes (sterilisiertes) und anschließend wieder auf Quilltemperatur der Hefe abgekühltes Wasser (0,1 l und 1 Teelöffel Zucker) der Hefe bei. Da sich Zucker in Alkohol und Kohlensäure umwandelt, müßten nach einiger Zeit (1–2 Stunden) Bläschen auf der Hefeflüssigkeit erscheinen. Mit diesem Test haben Sie die Garantie, daß

diese Hefe Ihre Würze dann in Bier verwandeln wird, auch wenn die Zuführung von fremdem Zucker nicht ganz dem „Deutschen Reinheitsgebot“ entspricht.
In Brauereien wird, da sich Hefe durch die Umwandlung von Malzzucker in Alkohol und Kohlensäure sehr stark vermehrt (es entsteht mehr Hefe, als zugegeben wurde), diese überschüssige Hefe abgeschöpft und für weitere Gärungen verwendet. Bei obergäriger Gärung wird der Schaum vorsichtig aus dem Gärbottich abgeschöpft, bei untergärigen Hefen lagern sich diese am Boden des Gärbottichs ab und werden von dort entnommen.
Zu Hause machen wir es genauso; die auf diese Weise neu gewonnene Hefe läßt sich, abgefüllt in ein Glasgefäß oder in eine Glasflasche, mehrere Wochen lang im Kühlschrank lagern. Eventuell testen Sie vor dem nächsten Brauvorgang mit dem oben angeführten Test (Zuckerlösung), ob die Hefe noch aktiv ist.
Durch die starke Vermehrung der Hefen im Verlauf des Brauvorganges können Sie **drei- bis viermal** soviel Hefe vom Boden Ihres Gärbehälters oder von der Oberfläche des Bieres „ernten“, als Sie ursprünglich der Würze beigegeben haben. Man könnte also, theoretisch, mit diesen Hefen in alle Ewigkeit weiterbrauen. Da die Hefe aber bei mehrmaliger Verwendung degenerieren kann, wird sie in Brauereien nicht öfter als dreimal verwendet.

Die Bierhefe ist die reichste Quelle für die Vitamine B1 und B2.

ZUSATZSTOFFE

Zucker

Die einzigen nach dem „Deutschen Reinheitsgebot“ bedingt zulässigen Zusatzstoffe sind Zucker und Zuckercouleur zum Färben des Bieres (bei obergärigen Bieren).
Der Zucker wird wie der im Malz enthaltene Malzzucker beim Gärprozeß in Alkohol und Kohlensäure umgewandelt. **Zucker** könnte daher theoretisch das **Malz ersetzen.** Viele Inhaltsstoffe sind jedoch an das Malz gebunden, so daß „vergorenes Zuckerwasser“ nicht wie Bier schmeckt.
Sollten Sie Zucker beigeben wollen, machen Sie dies bei der Maische, damit über die Enzyme des Malzes eine Aufspaltung des Zuckers erreicht wird.

Zuckercouleur

Zuckercouleur (Sinamar) wird zum **Färben** des Bieres verwendet. Je nach beigegebener Menge färbt sich das Bier dunkler.
„Echtes dunkles" Bier hingegen wird aus dunklem Malz gebraut, schmeckt auch anders als das mit Zuckercouleur gefärbte helle Bier.
Zuckercouleur kann zu Hause jederzeit selbst hergestellt werden. **Kristallzucker** wird in einer Pfanne bei leichter Hitze erwärmt. Der Zucker wird flüssig und beginnt sich braun zu färben. Ständiges Rühren verhindert sein Anbrennen. Diese sirupartige Masse (riecht wie Karamelbonbon) wird mit Wasser gelöscht und durch Verrühren aufgelöst. Je nach gewünschter Farbe wird von diesem Zuckercouleur der Würze beim Kochen beigegeben.
In Flaschen abgefüllt, können Sie diese Zuckercouleurlösung einige Wochen im Kühlschrank lagern.

Bier, nach dem Deutschen Reinheitsgebot gebraut, ist wegen der Verwendung bester Rohstoffe ein ausgesprochen gesundes Getränk – in Maßen genossen.
Für das Brauen zu Hause gelten die Einschränkungen des Deutschen Reinheitsgebotes selbstverständlich nicht, doch sollten Sie, da Sie Ihr Bier als natürliches Lebensmittel ja zumeist selbst trinken, auch bei Ihrem „Selbstgebrauten" auf alle nicht zulässigen Zusatzstoffe verzichten!

DER BRAUVORGANG IN DER BRAUEREI

Auf den Seiten 32 und 36 sehen Sie jeweils eine **grafische Darstellung** der einzelnen Arbeitsabläufe bei der Biererzeugung, zuerst anhand einer Schautafel für eine Brauerei, dann für das Bierbrauen zu Hause.

Hier wollen Ihnen die Autoren einen ersten groben Überblick über den Ablauf des Brauprozesses geben, damit Sie in kurzen Zügen die einzelnen Stadien des Brauens kennenlernen. Alle diese Arbeitsschritte werden in Brauereien mit höchstem technischem Aufwand, unter ständiger, z. T. computerunterstützter Überwachung, unter Beachtung der entsprechenden Hygienemaßnahmen und mit großem finanziellem Aufwand durchgeführt. Sie sind beim Brauen zu Hause im wesentlichen gleich, auch wenn sich die dafür erforderlichen Geräte von den Dimensionen her mit den industriellen Anlagen absolut nicht vergleichen lassen.

Im Anschluß an diesen theoretischen Teil stellen Ihnen die Autoren die einzelnen Vorgänge – vom **Schroten** über das **Maischen,** das **Läutern,** das **Abkühlen,** das **Filtern,** das **Vergären** und das **Abfüllen** des Bieres – ausführlich und auf die Verhältnisse zu Hause abgestimmt vor.

Das von der Mälzerei angelieferte Malz wird in der Brauerei vor dem eigentlichen Brauvorgang zerkleinert **(geschrotet)** und anschließend in einer Maischpfanne bei einer Temperatur von 35–50 °C unter ständigem Rühren mit dem Brauwasser vermischt **(eingemaischt).**

Nach dem Erreichen der festgesetzten Einmaischtemperatur erfolgt eine kurze sogenannte **Eiweißrast** von ca. $^1/_4$ Stunde. Unter weiterem Rühren – damit das Malz nicht anbrennt und sich die Bestandteile und Inhaltsstoffe besser im Wasser lösen – wird nun die Temperatur auf 64–66 °C erhöht; es erfolgt wieder eine Rast von ca. $^1/_2$ Stunde. Während dieser Zeit bildet sich aus dem Malz Maltose (Malzzucker).

Nach dieser sogenannten **ersten Verzuckerungsrast** wird die Temperatur der Maische auf 72 °C erhöht. Während der nun folgenden Rast von einer weiteren $^1/_2$ Stunde kommt es zur Dextrinbildung.

Nach Ende dieser **zweiten Verzuckerungsrast** wird mittels eines Tropfens Jod, der in eine der Maische entnommene Probe gegeben wurde, festgestellt, ob bzw. wieweit eine Verzuckerung des Malzes stattgefunden hat **(Jodprobe).**

Nach diesen beiden Verzuckerungsrastzeiten beendet man den Maischvorgang, indem man die Temperatur auf 78 °C erhöht. Bei einer höheren Temperatur würden die Enzyme des Malzes zerstört werden.

An den Maischvorgang schließt sich der **Läuterprozeß** an, der in den Brauereien in einem eigenen Läuterbottich erfolgt. Nun kommt es zur Trennung der flüssigen Würze vom festen Malzschrot.

Der flüssige Teil der Maische wird in der Folge unter Beigabe von Hopfen – jetzt bereits als **Würze** bezeichnet – 1$^1/_2$ Stunden gekocht; der feste Rückstand **(Treber)** findet als hochwertiges Futtermittel für Mastzwecke Verwendung.

Das Kochen der Würze erfolgt in den Brauereien im **Sudhaus** in einer eigenen Sud-

Brauvorgang in der Brauerei

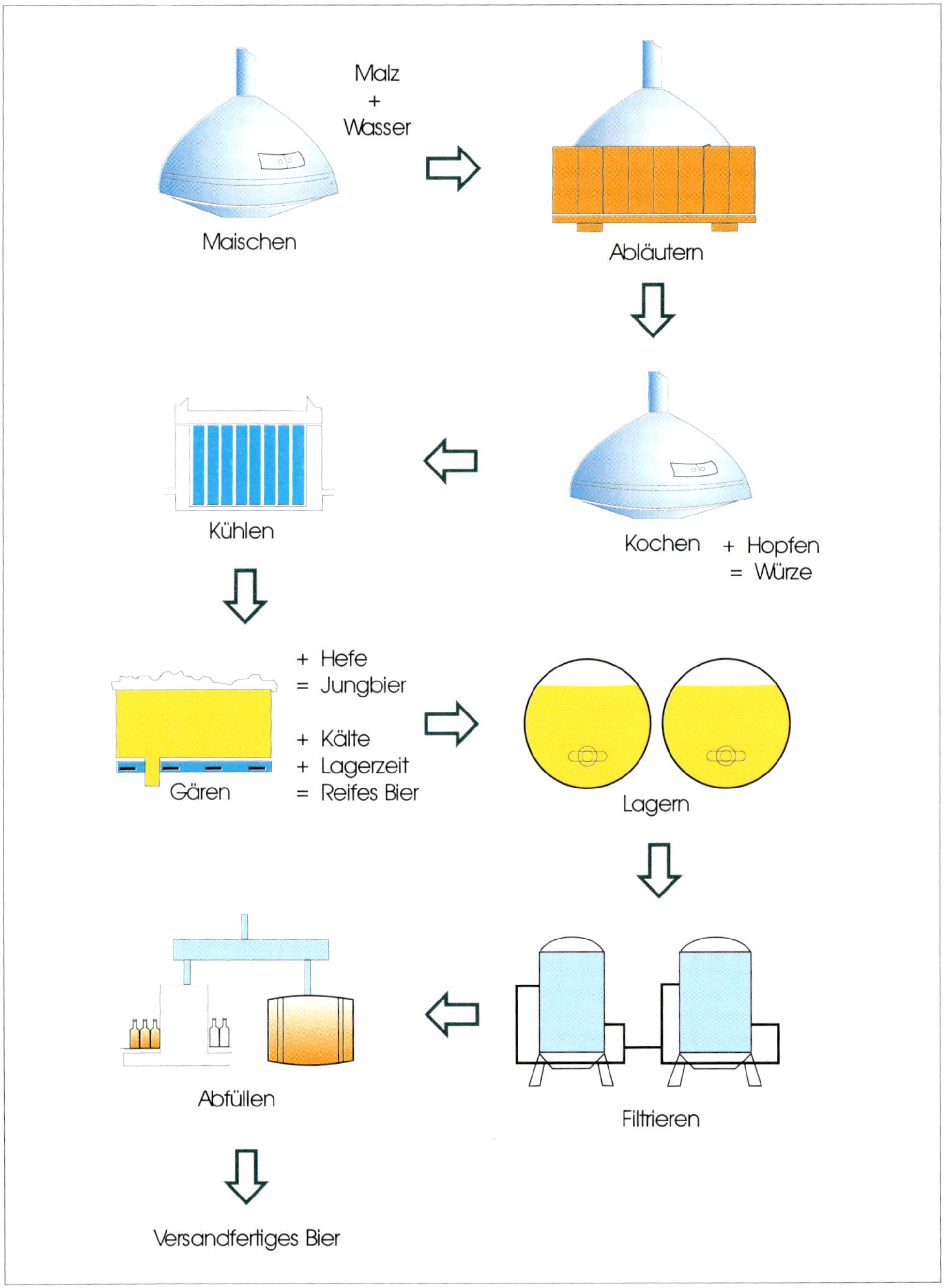

pfanne, während wir beim Brauen zu Hause für Maische und Sud das gleiche Gefäß verwenden.
Die beim Kochen gebildeten Heiß- bzw. Kalttrübstoffe werden mittels Zentrifuge (Whirlpool oder Flotationstanks) entfernt. Durch Leitungen gelangt das auf Gärtemperatur abgekühlte Bier nach Beigabe der Hefe in Gärbottiche (offen) oder Gärtanks (geschlossene Behälter).
Im Gärkeller erfolgt nun, je nach angewandtem Gärverfahren, eine obergärige Vergärung der Würze durch Beigabe von obergäriger Hefe bei einer Temperatur von 15–20 °C oder, bei Beigabe von untergäriger Hefe, bei einer Temperatur von 4–8 °C die Umwandlung der Würze in Bier. Obergärige Biere vergären in rund 2–3, untergärige in 7–8 Tagen.
In Brauereien wird dieses bereits fertige, aber noch **„junge" Bier** zur Nachreifung in **Lagertanks gelagert** (bis zu 6 Monaten), gefiltert, damit die Hefebestandteile und Schwebstoffe entfernt werden und das Bier völlig klar wird, dann noch über vollautomatische **Abfüllanlagen** in Fässer, Flaschen bzw. Container abgefüllt und mit Lkw oder anderen Transportmitteln an Gasthäuser, Geschäfte und an den Konsumenten geliefert.

DER BIERBRAUER IM MITTELALTER

DAS BRAUEN ZU HAUSE

Bevor Sie mit Ihrem ersten Brauversuch beginnen, lesen Sie dieses Kapitel bitte genau durch, und achten Sie darauf, daß Sie alle Zutaten, aber auch alle technischen Hilfsmittel, wie Töpfe, Stoffwindeln zum Filtern, Schlauch zum Abfüllen etc., griffbereit haben, damit Sie nicht während des Brauens, wenn die Maische oder die Würze heiß ist, feststellen müssen, daß eine Kleinigkeit fehlt, die Ihre ganzen bisherigen Anstrengungen zunichte machen kann.
Manche Arbeitsgänge müssen rasch durchgeführt werden, andere wieder erfordern das exakte Einhalten der angegebenen Temperaturen. **Nehmen Sie sich daher für das Brauen Zeit und Muße!**
Für gewisse Handgriffe ist es vorteilhaft, wenn Ihnen jemand hilft. Laden Sie sich daher einen Bekannten ein, oder brauen Sie gemeinsam mit Ihrem Partner! Beim Verkosten gibt es immer viele „Helfer" – warum nicht auch beim Brauen?

DIE ARBEITSRÄUME

Wie Sie im vorigen Kapitel gelesen haben, sind die Anlagen einer großen Brauerei, wie Sudhaus, Filteranlagen, Gärkeller und Abfüllstation, räumlich voneinander getrennt. Zu Hause stehen Ihnen diese Möglichkeiten der räumlichen Trennung nur in den seltensten Fällen zur Verfügung; Sie müssen daher mit den zur Verfügung stehenden Räumlichkeiten auskommen.
Überlegen Sie sich den **Ablauf des Brauvorganges** bei Ihnen zu Hause genau. Wahrscheinlich werden Sie in den meisten Fällen in der Küche brauen. Optimal ist dies, wie Sie gewiß bald feststellen werden, nicht, da Sie mit Ihrer „Biererzeugung" die **Küche** 4–6 Stunden blockieren.
Eine bessere Lösung ist ein **eigener Arbeitsraum,** in dem sich zumindest ein Wasseranschluß, ein Abfluß sowie eine Kochmöglichkeit befinden.
Hier können Sie sich ungestört ausbreiten und sind damit auch ungebundener als in der Küche.

KOCHSTELLEN

Ob Sie für das Einmaischen des Malzes und das Kochen der Würze einen **E-Herd** oder einen **Gasherd** verwenden, ist ziemlich gleichgültig und hängt weitgehend von Ihrer Küchenausstattung ab. Die Leistung der Geräte muß jedoch ausreichend sein, um die Würze über einen längeren Zeitraum kochen zu können. Reicht die Leistung dazu nicht aus, können Sie sich mit einem **Elektrotauchsieder** behelfen, den Sie zusätzlich

Das Brauen zu Hause

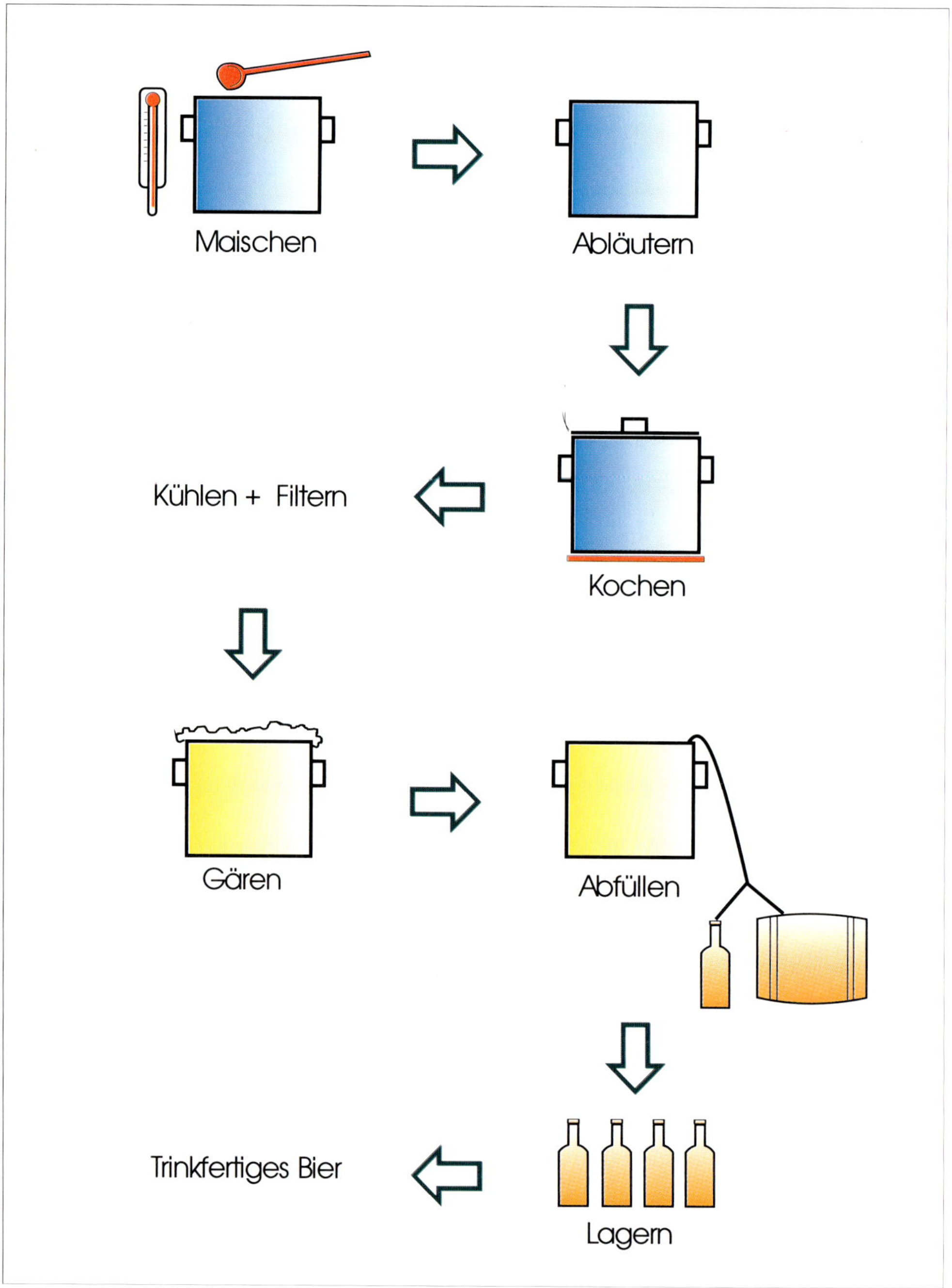

in die Würze halten und damit das Kochen beschleunigen. Sehr gut eignen sich auch größere **Campinggasherde,** wie sie in Wohnwägen verwendet werden.
Der Vorteil eines Gasherdes liegt in der besseren Regulierbarkeit der Energiezufuhr. Die Temperaturen beim Maischen sind beim Gasherd exakter einzuhalten. E-Herde hingegen bieten den Vorteil, daß sie während der Rastzeiten die Restwärme der Platten besser nutzen.

HYGIENE

Bier wird unter Verwendung lebender Substanzen (Hefe) produziert. Daß Verunreinigungen, Schimmel, Bakterien und Schmutz daher zu Geschmacksbeeinträchtigungen bis hin zu Fehlgärungen führen, sei noch einmal kurz erwähnt. Achten Sie daher besonders im Brau- und Gärraum darauf, daß hygienisch möglichst einwandfreie Zustände herrschen. In der Luft sind noch genügend Keime und **„wilde" Hefen** vorhanden, die zu Beeinträchtigungen des Brau- bzw. Gärvorganges führen könnten.
Alle Geräte, die mit dem Bier direkt in Berührung kommen, sollten Sie peinlichst genau säubern und frei von Bakterien halten! Reinigen Sie Ihren Maische- und Sudtopf nach jedem Brauvorgang gründlich mit heißem Wasser! Spülen Sie dann gut mit kaltem Wasser nach. Vor jedem neuen Maischen spülen Sie wiederum diese Töpfe mit heißem und kaltem Wasser aus.
In Brauereien werden zum Reinigen der Braugeräte, Leitungen, Bottiche, Gärtanks u. dgl. **Spezialreiniger** verwendet. Nach dem Reinigen wird alles gründlich mit reichlich kaltem Wasser nachgespült. Bei unserem Brauen zu Hause können zur Reinigung ebenfalls diese im Gastronomiefachhandel erhältlichen Spezialreiniger verwendet werden. Die im Haushalt üblichen Reinigungs- und Geschirrspülmittel sind weniger gut geeignet, da deren Rückstände die Oberflächenspannung des Wassers verändern. Auch können sie sich im Bier ablagern.
Wenn Sie unmittelbar nach dem Brauen alle Geräte gründlich mit heißem Wasser reinigen, wird dies in den meisten Fällen ausreichend sein.

INFUSIONSVERFAHREN

Wie eingangs erwähnt, werden wir uns für das Brauen zu Hause auf das einfachste Verfahren, das sogenannte **Infusionsverfahren,** beschränken.
Bei diesem wird, beginnend bei der Einmaischtemperatur von 35–50° C, die Maische unter Einhaltung von Rastzeiten allmählich bis auf 78° C erhöht. Nach dem Läutern

(siehe Seite 49ff.) wird die Maische mit ebenfalls 78° C warmem Wasser, dem sogenannten **Nachguß,** nachgeschwemmt. Dadurch lösen sich noch brauwichtige Stoffe (Restzucker), die ebenfalls in die Würze gegeben werden.
Aus Gründen der Sortenvielfalt kommen in Brauereien **Ein-, Zwei-** bzw. **Dreimaischverfahren** zur Anwendung, die wesentlich komplizierter sind. Sie haben jedoch den entscheidenden Vorteil, daß die Maische besser genutzt wird und damit die Ausbeute pro Brauvorgang eine bessere ist.
In diesem Buch wurde wegen der Kompliziertheit des Brauvorganges bewußt auf das sogenannte **Dekoktionsverfahren** verzichtet. Helle Biere werden in Brauereien in beiden Verfahren hergestellt, dunkle Biere eher mittels des Dekoktionsverfahrens. Wesentlich einfacher ist das **Infusionsverfahren,** durch das sich, bei entsprechenden Rohstoffen, qualitativ gleichwertige Biere brauen lassen.
Wenn Sie beabsichtigen, größere Mengen zu brauen, sollten Sie sich jedoch durch weiterführende Literatur mit diesem Brauverfahren beschäftigen, da damit eine wirtschaftlichere Produktion möglich ist.

GERÄTE FÜR DAS BRAUEN ZU HAUSE

Unbedingt erforderlich sind folgende Geräte:

- 1 **Einkochtopf,** Fassungsvermögen 15–20 l, für das Maischen des Malzes, Kochen der Würze und als Gärtopf.
- 1–2 **Plastikkübel,** Gesamtfassungsvermögen ebenfalls 15–20 l, zum Abläutern nach dem Maischen und zum Filtern nach dem Kochen der Würze.
- 4 Stück **Stoffwindeln** oder engmaschige **Textilstoffe** von Gardinen als Filterstoff.
- 1 großer **Kochlöffel** (Holz) zum Umrühren der Maische und der Würze.
- 20 Stück **Wäscheklammern** zum Befestigen der Windeln an den Plastikkübeln.
- 4 Stück **Gefrierakkus** aus Kühltaschen oder 2 Stück 1,5 l **Plastikgetränkeflaschen** die, mit Salzwasser gefüllt, tiefgekühlt werden, damit die Würze möglichst rasch auf Gärtemperatur abkühlen kann.
- 1 **Gummi-** bzw. **Plastikschlauch** (ca. 1,5 m) zum Abfüllen des fertigen Bieres.
- Ausreichend **Bügelflaschen, Partyfässer** oder andere Flaschen zum Abfüllen des fertigen Bieres.
- 1 **Einkochthermometer,** das genau die Temperaturen im Bereich von 50–100° C anzeigt.
- 1 **Kinderbadethermometer,** damit die Gärtemperatur kontrolliert werden kann.
- 1 kleines **Fläschchen Jod** für die „Jodprobe", die die Verzuckerung des Malzes feststellt (1%ige Kaliumjoditlösung; erhältlich in jeder Apotheke).
- 1 Päckchen **pH-Indikatorpapier** zum Prüfen des pH-Wertes des Brauwassers.

Kochtopf, Thermometer, Kochlöffel, Jod, Stoffwindeln, pH-Indikatorpapier

Obstentsafter als „Läuterbottich"

Sollten Sie beabsichtigen, öfter und in größeren Mengen zu brauen, empfiehlt es sich, die Anschaffung bzw. das Selbstherstellen folgender Geräte zu überlegen:

- Statt Stoffwindeln basteln Sie sich einen eigenen **Läuterbottich** mit integriertem Ablaßventil.
- Anschaffung einer **Bierspindel,** mit der der Stammgehalt der Würze bzw. der Endvergärungsgrad Ihres Bieres exakt bestimmt werden kann.
- Ein eigenes **Gärgefäß** (Mostfaß) mit einer integrierten Ablaßvorrichtung, damit sich das Bier einfacher abfüllen läßt.

Bevor Sie mit dem Brauen beginnen – und auch bei jedem weiteren Brauvorgang –, überprüfen Sie, ob alle Geräte und Hilfsmittel verfügbar bzw. voll **funktionstüchtig** sind!

Partyfaß, geeignet als „Gärbottich"

„Kleinstbrauerei" für eine Braukapazität von 50 Liter

Fertige Ausrüstungsgegenstände, Foto Fa. Knopf, Wien, Gurkgasse 16

Verschiedene Malzmischungen, Foto Fa. Knopf, Wien, Gurkgasse 16

SCHROTEN DES MALZES

Wenn Ihnen bereits geschrotetes Malz zur Verfügung steht, können Sie diesen Arbeitsschritt vergessen.
Die Malzkörner müssen vor dem eigentlichen Brauvorgang zerkleinert **(geschrotet)** werden, damit die **Enzyme** des Malzes es in Malzzucker verwandeln können.
Dieser Zerkleinerungsprozeß geschieht am besten in handelsüblichen **Getreidemühlen,** wie sie für das Herstellen von Mehl zum Brotbacken verwendet werden. Geeignet sind auch händisch betriebene **Kaffeemaschinen.** Getreidemühlen wie Kaffeemaschinen werden auf die gröbste Stufe eingestellt. Das Malz soll geschrotet, nicht gemahlen werden! Daher eignen sich elektrisch betriebene Kaffeemaschinen nicht besonders, zumal dann eine Regulierung des Schrotvorganges nur eingeschränkt möglich ist. Auch ist das Fassungsvermögen dieser Kaffeemaschinen für die von uns benötigte Menge Malz nicht ausreichend.
Einige **Mehrzweckküchenmaschinen** haben Aufsätze, die ebenfalls das Schroten des Malzes erlauben.
Da der Prozeß des Schrotens aufgrund fehlender technischer Voraussetzungen zu Hause meist schwer möglich ist, empfehlen die Autoren, wenn möglich, bereits geschrotetes, vakuumverpacktes Malz zu verwenden. Auch verursacht das Schroten zu Hause eine nicht ganz zu verhindernde Staubentwicklung.

Geschrotetes Malz ist nur **beschränkt lagerfähig.** Schroten Sie daher nur die für das Brauen benötigte Menge!

MAISCHEN DES MALZES

Unter Maischen oder Einmaischen des Malzes versteht man die Vermischung des geschroteten Malzes mit dem Brauwasser.
Unter ständigem Umrühren wird das geschrotete Malz im Einkochtopf mit Wasser vermischt, bis die **Einmaischtemperatur** von 35–50 °C erreicht ist. Das ständige Rühren ist erforderlich, damit das Malz nicht anbrennt und sich seine Bestandteile im Brauwasser besser lösen.
Die Menge des Malzes und des Brauwassers entnehmen Sie dem von Ihnen ausgewählten Rezept im betreffenden Teil dieses Buches. Bei allen Rezepten haben die Autoren auf der einen Seite die Zutaten angeführt und auf der gegenüberliegenden in einem Diagramm nochmals die zeitlichen Abläufe bei den jeweiligen Maischtemperaturen dargestellt.
Wie Sie bereits früher gelesen haben, folgt nach dem Erreichen der Einmaischtemperatur eine ca. $^1/_4$stündige **Eiweißrast.** Dann erhöht man, wieder unter ständigem Rühren, die Temperatur der Maische auf 64 °C. **Erste Verzuckerungsrast** von $^1/_2$ Stunde **(Maltosebildung).**
Anschließend wird die Temperatur der Maische auf 72 °C erhöht. Darauf folgt wieder eine $^1/_2$stündige **zweite Verzuckerungsrast (Dextrinbildung).** Nach dieser muß unbedingt die sogenannte **„Jodprobe"** gemacht werden.

JODPROBE

Dieser **Prüfvorgang** ist notwendig, damit Sie feststellen können, ob das Malz in Malzzucker umgewandelt wurde. „Jodprobe" klingt sehr kompliziert, ist aber einfach und rasch durchzuführen:
Sie entnehmen der Maische bei 72 °C mit einem kleinen Löffel 2–3 Tropfen Flüssigkeit (keine festen Bestandteile) und geben diese auf einen kleinen weißen Teller (Untertasse einer Kaffeetasse).
Auf die flüssige Maische tropfen Sie vorsichtig einen Tropfen Jodlösung. Durch leichtes Schwenken der Untertasse verteilen Sie nun den Jodtropfen in der entnommenen Maischeflüssigkeit. Verfärbt sie sich gelb, ist die Aufspaltung des Malzes durch die Enzyme in Malzzucker bereits abgeschlossen. Bleibt sie blau, hat die Umwandlung des Malzes in Malzzucker nicht – oder noch nicht – stattgefunden. Auch später kann keine Aufspaltung dieser Flüssigkeit durch die Hefe in Alkohol erfolgen.

Sie sehen, wie wichtig daher diese Jodprobe ist!

Einmaischen

Jodprobe: es hat noch keine Verzuckerung stattgefunden

Jodprobe: Beginn der Verzuckerung

Jodprobe: Gelbfärbung bedeutet, es hat sich aus dem Malz Malzzucker gebildet

In den meisten Fällen wird nach einiger Zeit eine Gelbfärbung eintreten. Tritt diese aber überhaupt nicht ein, kann dies entweder am Malz liegen (schlechte Enzyme im Malz), oder Sie haben die Einmaischtemperaturen und die vorgeschriebenen Rastzeiten nicht exakt eingehalten und dadurch konnten sich keine Enzyme zur Aufspaltung des Malzes bilden. In beiden Fällen ist diese **Maische für die weitere Biererzeugung nicht mehr zu verwenden!**
Daher unbedingt die angegebenen Maischtemperaturen und Rastzeiten einhalten! Ständiges Umrühren nicht vergessen, da das Malz sonst anbrennt und einen schlechten Geschmack erhält. Seine Inhaltsstoffe lösen sich durch diese mechanische Bewegung im Brauwasser auch besser auf.
Nach der Jodprobe wird die Temperatur kurz auf 78° C erhöht und damit der Maischprozeß beendet. Auf keinen Fall die Temperatur auf über 78° C erhöhen, da sonst die Enzyme des Malzes zerstört werden!

Während des Maischvorganges sind Sie ständig mit der Überwachung des korrekten Ablaufes beschäftigt. Halten Sie die angegebenen Temperaturen und die Rastzeiten unbedingt ein! Machen Sie genaue Aufzeichnungen in Ihrem Brauprotokoll!

LÄUTERN DER MAISCHE

Unter „Läutern" versteht man das Trennen der flüssigen und festen Bestandteile der Maische. Dieser Vorgang dauert in Brauereien 3–4 Stunden und erfolgt in eigenen **Läuterbottichen.** Sollten Sie beabsichtigen, öfter zu brauen, empfiehlt es sich, wie bereits erwähnt, ebenfalls einen solchen Läuterbottich anzufertigen. Die Autoren gehen im Anschluß an die Erklärung des **„Windelverfahrens"** noch näher darauf ein.
Beim „Windelverfahren" werden die Bestandteile der Maische mittels einer über einen Kübel gespannten Stoffwindel getrennt. Diese Windel wird am Kübelrand mit Wäscheklammern befestigt. Drücken Sie mit der Hand eine Mulde von ca. 10 cm Tiefe in die Mitte der Windel, damit Sie sehen, wann der Kübel voll ist. Der feste Teil der Maische kann sich in der Mulde auch besser absetzen.
Sie nehmen den Maischetopf vom Herd (Achtung: Verbrühungsgefahr!) und beginnen die Maische vorsichtig über die Stoffwindel in den Kübel zu leeren. Nachdem im Topf bereits die festen Teile der Maische zu Boden gesunken sind, fließt zuerst der flüssige Teil ab, und als Rest bleiben die festen Rückstände **(Treber)** in der Windel und im Topf zurück. Da in diesem Treber noch brauwichtige Bestandteile enthalten sind, müssen diese noch einmal durch Aufgießen mit 78 °C heißem Wasser ausgeschwemmt werden. Die Autoren geben in den Rezepten die Wassermenge immer genau an **(Nachguß).**

Tip
Damit der Treber die Stoffwindel nicht sofort verklebt, können Sie die Maische zuvor durch ein **Nudelsieb** abseihen. Die groben Bestandteile der Maische bleiben dabei schon im Sieb zurück, und nur die Flüssigkeit fließt über die Windel. Der Läutervorgang wird dadurch wesentlich **beschleunigt.**

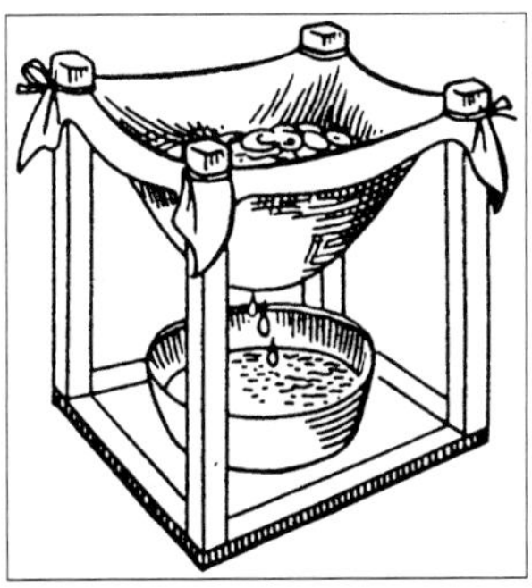

Der anfallende **Treber** ist ein hochwertiges Produkt: einerseits als Futtermittel für Tiere, oder Sie können, wenn Sie Ihr Brot selbst backen, dem Teig Teile dieses Trebers beigeben.
Eine weitere Möglichkeit, die Maische zu läutern, sehen Sie in nebenstehender Skizze. Diese Form des Läuterns hat den Vorteil, daß Sie im untergestellten Gefäß genau feststellen können, wann es voll ist. Ein umgekehrter Tisch ist auch stabiler als ein Kübel.
Der in der Stoffwindel verbleibende Treber wird durch Anheben der Windel an allen vier Ecken und Entfernen der Wäscheklammern vom Kübel entfernt. Je nach Fas-

Läutern im Entsafter

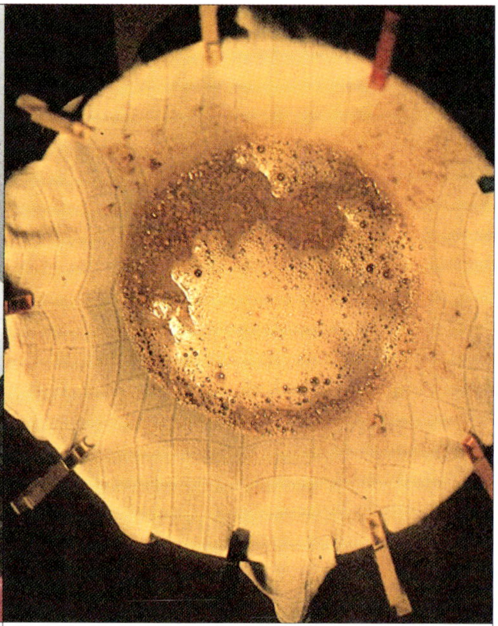

Läutern mittels einer Stoffwindel

Der Treber bleibt in der Windel zurück

sungsvermögen und von Ihrer Braukapazität abhängig, werden Sie auch mehrere Kübel füllen. Der jetzt in der Windel enthaltene Treber wird mit ihr verdreht und vorsichtig ausgedrückt. In der Zwischenzeit muß der Maischekessel gesäubert werden, da er nun zum Kochen der Würze verwendet wird.

LÄUTERBOTTICH

Unser soeben beschriebenes „Windelverfahren" wird Sie, so Sie beabsichtigen, öfters zu brauen, nicht restlos zufriedenstellen. Das Läutern dauert in Brauereien 3–4 Stunden, ist also – im Vergleich zu anderen Schritten im Brauvorgang – ein ziemlich zeitintensiver Ablauf.
Beim Läutern durch die Windel oder einen anderen Filterstoff gelangen relativ viele **Trübstoffe** in die Würze, welche sich auf den Geschmack des Bieres negativ auswirken und die Gärung beeinflussen (schleppende Gärung).
Ein eigener **Läuterbottich** sollte so beschaffen sein, daß er ein Abflußventil an der Unterseite besitzt, damit die geläuterte Würze ablaufen kann. Im Boden dieses Behälters befindet sich ein genau passender **Einsatz** mit vielen kleinen Löchern im Durchmesser von 1 bis max. 1,5 mm. Die festen Bestandteile der Maische, der Treber, bilden einen natürlichen Filter, durch den die Würze durchsickert. Der Treber bleibt über dem Einsatz des Läuterbottichs in diesem zurück, während die Würze durch die Löcher abfließen kann und mittels des Ablaßventils am Bodenunterteil abgelassen wird.
Sollten Sie einen **Entsafter** zur Herstellung von Obstsäften besitzen, können Sie diesen mit geringem Aufwand in einen Läuterbottich „umfunktionieren". Diese Entsafter haben nämlich bereits ein Ablaßventil. Die zu groben Löcher des Einsatzes werden mit einem feinen **Gazenetz** (1 mm^2 Durchmesser je Loch) ausgelegt, welches beim Läutern die festen Bestandteile zurückhält.
Selbstverständlich sind Ihrem Erfindertum und Ihrem handwerklichen Geschick beim Herstellen eines geeigneten Läuterbottichs keine Grenzen gesetzt. Achten Sie nur darauf, daß die Löcher im Einsatz groß genug sind, um die Würze innerhalb einer vernünftigen Zeit abfließen zu lassen, aber auch noch klein genug, um die festen Bestandteile der Maische zurückzuhalten.
Im Fachhandel (siehe Bezugsquellenverzeichnis Seite 101) erhalten Sie aus Industrienetzen zusammengenähte Siebe zum Läutern der Maische.

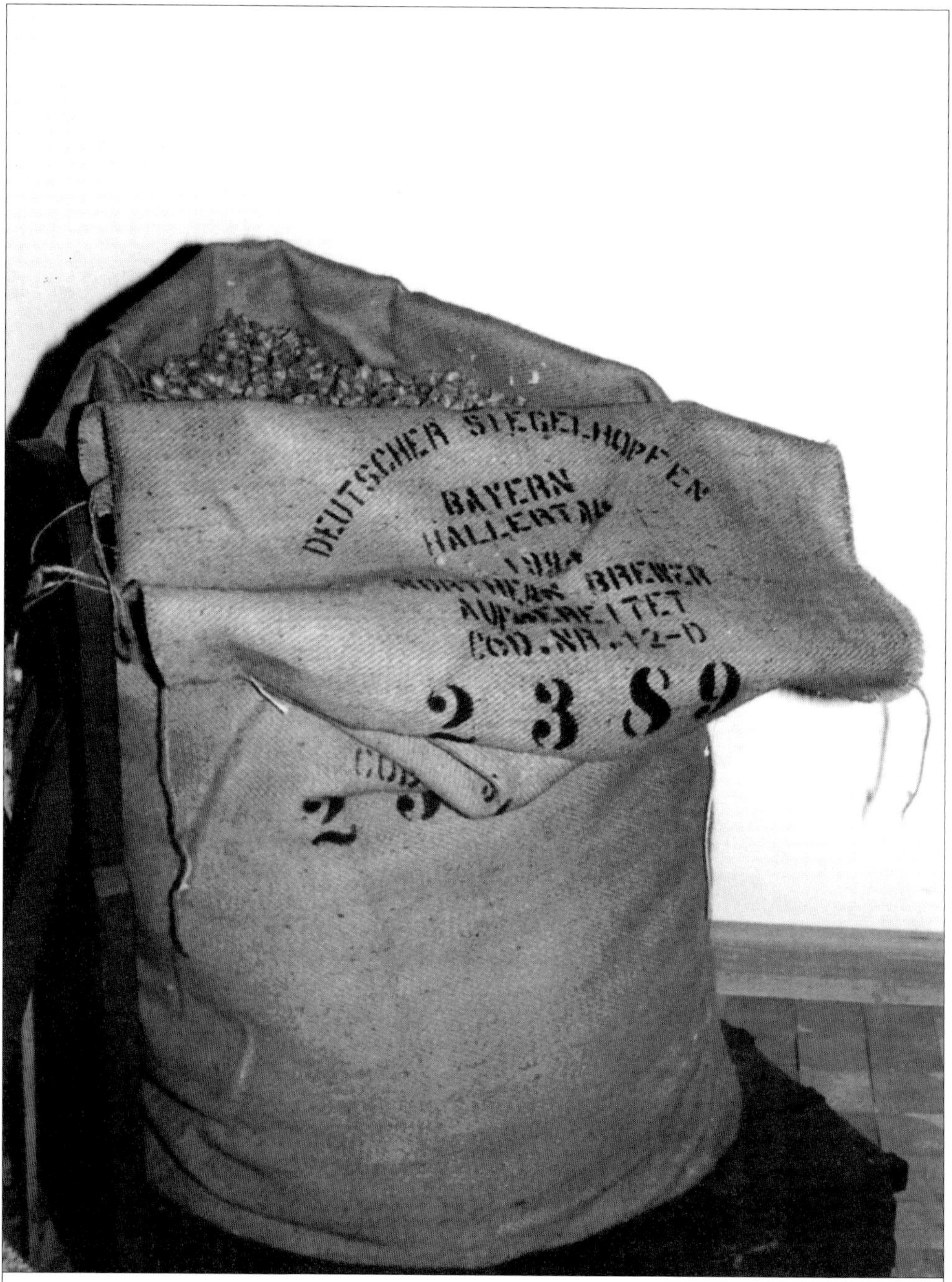

Hopfen, ein Naturprodukt

KOCHEN DER WÜRZE

Die Maische, die nach dem Läutern nun in Kübeln steht, wird wieder in den gereinigten Topf zurückgegeben und am Herd rasch zum Kochen gebracht. Sollte die Leistung Ihres E- oder Gasherdes nicht ausreichen, können Sie sich, wie schon erwähnt, zusätzlich mit einem Tauchsieder behelfen, der von oben in den Topf gehalten wird (Sicherheitsbestimmungen dieser Geräte beachten!).

Beginnt die Flüssigkeit zu kochen, wird die in den Rezepten angegebene Menge **Hopfen** (Pellets, Pulver oder getrocknete Hopfenblüten) beigegeben und unter gelegentlichem Umrühren 1–$1^1/_2$ Stunden leicht wallend gekocht.

Da die im Hopfen enthaltenen **ätherischen Öle** hochflüchtig sind, sollte die Hopfenbeigabe in zwei Teilen erfolgen: der erste Teil zu Beginn des Kochprozesses, der zweite gegen Ende, damit die aromatischen Bestandteile des Hopfens möglichst ohne Verlust in das Bier einfließen können.

In der Zwischenzeit reinigen Sie die Kübel und bespannen diese wieder, wie im Kapitel „Läutern der Maische" beschrieben, mit neuen, sauberen Stoffwindeln. Während die Würze kocht – nach Beigabe des Hopfens –, haben Sie die Möglichkeit, den Brauraum für kurze Zeit zu verlassen. Überprüfen Sie aber dennoch regelmäßig, ob die Würze kocht. Zu stark sollte sie aber auch nicht kochen, da sonst die Gefahr des Überkochens besteht.

Um Energie zu sparen, sollten Sie den Topf während des Kochens der Würze mit einem Deckel verschließen. Entfernen Sie von Zeit zu Zeit die eventuell an dem Deckel haftenden Hopfenbestandteile, und geben Sie diese wieder in die Würze zurück.

Durch das Kochen entweicht selbstverständlich Flüssigkeit aus der Würze. Brauwichtige Extrakte bleiben aber auf jeden Fall in der Würze zurück, wodurch der Stammwürzegehalt während des Kochens ansteigt.

Beim Kochen der Würze gelangen einerseits die Bitterbestandteile des Hopfens ins Bier und verleihen ihm die charakteristisch herbe Note, andererseits werden im Kochvorgang Bakterien und Keime abgetötet, die sonst zu Fehlgärungen führen würden.

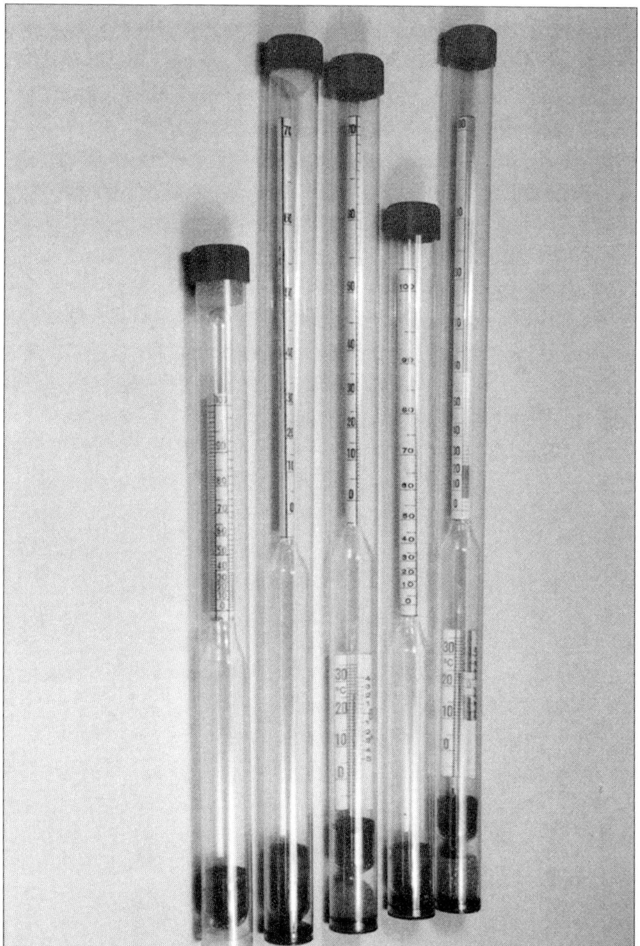

Verschiedene Bierspindeln mit und ohne
Thermometer, Foto Fa. Knopf, Wien, Gurkgasse 16

FILTERN UND ABKÜHLEN DER WÜRZE

Nach dem Kochen der Würze verfahren Sie wie am Ende des Maischvorgangs und filtern die heiße Würze (100° C, Vorsicht!) wieder in die Kübel. Dadurch werden die festen Bestandteile des Hopfens und die durch das Kochen ausgefallenen Eiweißbestandteile des Malzes vom Bier abgesondert.
Wichtig ist nun, daß das durch das Kochen **sterilisierte Bier möglichst rasch** auf die gewünschte Gärtemperatur gebracht wird! Bei Verwendung von obergärigen Hefen auf 15–20° C, bei untergärigen Hefen auf 4–8° C.
Durch mehrmaliges Umleeren zurück in den gereinigten Topf wird die Temperatur schneller verringert. Zusätzlich wird der Würze dadurch Sauerstoff beigefügt, der für den Beginn der Gärung notwendig ist.
Auch wenn Sie den Topf in die Badewanne stellen und mit fließendem kaltem Wasser kühlen, wird es einige Zeit dauern, bis die notwendige niedrige **Gärtemperatur** erreicht ist. Beschleunigen können Sie den Abkühlungsprozeß, indem Sie einige **Gefrierakkus** direkt in die heiße Würze geben. Aus hygienischen Gründen vorher kurz mit heißem Wasser abspülen! Sie können aber auch Plastikgetränkeflaschen, gefüllt mit Salzwasser, in tiefgekühltem Zustand in die Würze geben. Das rasche Abkühlen ist für die Qualität Ihres Bieres wichtig, da sich in der Raumluft **„wilde" Hefen** und **Bakterien** befinden, die zu unerwünschten **Fehlgärungen** führen können.
Da die durch das Kochen sterilisierte Würze für Infektionen durch diese Bakterien und „wilden" Hefen besonders anfällig ist, sollte der Topf während des Abkühlens wieder mit dem gereinigten Deckel verschlossen werden.
Durch das Abkühlen fallen noch einige Bestandteile der Würze aus **(Heißtrübabscheidung),** die Sie durch nochmaliges Filtern entfernen.

BESTIMMEN DES STAMMWÜRZEGEHALTES

Sie haben sicher schon auf den Etiketten von Bierflaschen Prozentangaben mit der Bezeichnung **Stammwürze** oder **Würze** gelesen. Diese sind nicht mit den im Bier enthaltenen **Prozenten Alkohol** zu verwechseln, hängen aber mit ihnen unmittelbar zusammen. Die Alkoholangaben in Prozenten sind gesondert angeführt.
Das Deutsche Biersteuergesetz bzw. die österreichischen und Schweizer Bestimmungen schreiben für die jeweiligen Bierkategorien einen **Mindestwürzegehalt** vor. In Brauereien wird vom Maischvorgang bis zum Abfüllen des fertigen Bieres mittels einer sogenannten **„Bierspindel"** dieser Extraktgehalt bestimmt.
12% Würze beispielsweise bedeutet, daß auf 1 l Würze (1000 g) 120 g gelöste Stoffe (Extrakte) und 880 g Wasser kommen.

Filtern der Würze über eine Stoffwindel

Bestimmen des Vergärungsgrades. Links: spindeln; rechts: Kohlensäure wird mit Kaffeefilter ausgefiltert. (CO_2 bewirkt Spindelauftrieb und verfälscht damit das gespindelte Ergebnis.)

BIERSPINDEL

Im Fachhandel sind **Bierspindeln** erhältlich, mittels derer der Würzegehalt bestimmt werden kann. Beachten Sie die beiliegenden Gebrauchsanweisungen!
Nur mit diesen Geräten ist es möglich, den Stammwürzegehalt exakt zu prüfen. Das Feststellen des Stammwürzegehaltes ist für die Berechnung der **Biersteuer** notwendig, da sich diese von diesem Stammwürzegehalt ableitet. Dies gilt nur für die Bundesrepublik Deutschland, da in der Schweiz und in Österreich das Brauen für den Eigenbedarf steuerfrei ist (Näheres siehe im Abschnitt „Steuerrechtliche Bestimmungen")!

EINTEILUNG DER BIERE NACH IHREM STAMMWÜRZEGEHALT

Deutschland		**Österreich**		**Schweiz**	
Einfachbier	2–5,5%	Abzugbier	9–10%	Lagerbier	10–12%
Schankbier	7–8%	Schankbier	10–12%	Spezialbier	11–14%
Vollbier	11–14%	Märzenbier	12–14%	Starkbier	mehr als 14%
Starkbier	mehr als 14%	Bockbier	mehr als 14%		

BEIGABE DER HEFE UND VERGÄRUNG

Nach Erreichen der angegebenen Gärtemperatur wird der abgekühlten und gefilterten Würze die **Hefe** beigegeben (siehe Vorbereitungsmaßnahmen im Kapitel „Hefe", Seite 25ff.).

Da Hefen – wie alle Lebewesen – zum Leben und Arbeiten Sauerstoff benötigen, müssen Sie während der Beigabe der Hefe kräftig rühren, um den Beginn der Gärung zu beschleunigen.

In welchem Behälter Sie die **Vergärung** durchführen, hängt von der Braumenge ab. Bei gelegentlichem Brauen ist es zweckmäßig, den Maische-Würze-Abkühltopf auch gleich für die Gärung zu verwenden. Beabsichtigen Sie jedoch öfter zu brauen, werden Sie diesen Topf zwischenzeitlich benötigen. Dieser ist aber während des Gärungsprozesses blockiert.

Für das Abfüllen in Flaschen nach der Gärung sind auch Behälter mit einem **Ablaßventil** praktisch und besser zu bedienen als Schläuche. Bewährt haben sich Mostfässer (Apfelwein) mit einem Aufsatz (Gärspund), durch den die Kohlensäure bei Überdruck entweichen kann.

Bis zum Einsetzen der Gärung können **12–24 Stunden** vergehen, in denen das Bier für Fehlgärungen besonders anfällig ist. Decken Sie daher bis zum Beginn der Gärung (Bläschenbildung) den Gärtopf mit einem reinem Tuch oder einem Kochdeckel ab (bei Mostfässern nicht notwendig). Kontrollieren Sie mehrmals täglich die **Gärtemperatur,** und führen Sie, wenn notwendig, Kühlungen durch (Kühlakkus). Die Gärtemperatur ist von den verwendeten Hefen abhängig. Zu hohe Temperaturen zerstören sie!

Bei obergärigen Hefen beginnt sich nach Einsetzen der Gärung ein dicker, bräunlichweißer Schaum an der Oberfläche abzusetzen. Man nennt diese Schaumschicht **„Kräusen".** Sie wird vorsichtig mit einem Schöpflöffel abgeschöpft. Den Schaum der ersten beiden Tage geben Sie weg. Die Hefe ab dem dritten Tag können Sie für weitere Gärungen abschöpfen und im Kühlschrank einige Wochen lagern (siehe Kapitel „Hefe", Seite 28).

Nach 2–3 Tagen ist die **Hauptgärung** abgeschlossen und das Bier fertig zum Abfüllen. Die **Nachgärung** erfolgt in den Flaschen oder Fässern.

> Die Nachgärung dient der Anreicherung des Bieres mit Kohlensäure und dem Reifen des Geschmacks. Bier wird immer stehend gelagert, damit sich die Trübstoffe und die Hefe am Boden der Flaschen absetzen können.

Beginn der Gärung

Obergäriges Bier: Hefe wird von der Oberfläche abgeschöpft

Links: großbläsrige Gärung (Blasengärung)
Rechts: Ende der Hauptgärung

ABFÜLLEN DES FERTIGEN BIERES

Es gibt mehrere Möglichkeiten, Bier vor dem Verbrauch zu lagern. Für das Brauen zu Hause kommen grundsätzlich nur zwei davon in Frage: **Flaschen** in verschiedenen Varianten bzw. **Fässer** in unterschiedlichen Ausführungen und Größen.

FLASCHEN

Am attraktivsten und für unsere Zwecke auch am besten geeignet sind die seit einiger Zeit wieder erhältlichen **Bügelflaschen,** die öfter wiederverwendet werden können. Diese Flaschen sind in Größen von 0,3, 0,5, 1 bzw. 2 l erhältlich. Kleinere Flaschen erhalten Sie im Handel gegen Pfandeinsatz, 1- und 2-Liter-Flaschen im Fachhandel sowie bei einigen Hausbrauereien.
Mineralwasserflaschen mit Metall- bzw. Plastikdrehverschlüssen lassen sich grundsätzlich ebenfalls verwenden, sehen aber nicht „stilecht" aus. Öfters treten aber Probleme auf, wenn die Verschlüsse nicht völlig dicht sind. Diese weißen und grünen Flaschen sind für die Lagerung von Bier auch deshalb weniger geeignet, da Bier sehr lichtempfindlich ist. Dunkelbraune Glasflaschen sind daher optimal.
Euromehrwegflaschen mit Kronenverschluß können Sie zum Abfüllen selbstverständlich nur dann verwenden, wenn Sie auch das entsprechende Verschlußgerät besitzen.

FÄSSER

Für Partyzwecke werden **Alufässer** in verschiedenen Größen angeboten. **Holzfässer** werden heutzutage kaum mehr benutzt, hingegen wird immer öfter Bier in **Blechdosen** (5 l) angeboten, welches mittels eines Zapfgerätes gezapft wird.

REINIGUNG VON FLASCHEN UND FÄSSERN

Gleichgültig, ob Bier in Flaschen oder in Fässer abgefüllt wird – die **Hygiene** ist bei beiden Abfüllverfahren dieselbe. Flaschen wie Fässer werden nach dem letzten Einsatz gründlich mit heißem Wasser gereinigt und anschließend mit reichlich kaltem Wasser nachgespült. Von herkömmlichen Geschirrspülmitteln möchten die Autoren Ihnen abraten, da die Schaumbildung des Bieres leidet und es zu Ablagerungen im Bier kom-

men kann. Für die mechanische Reinigung der Flaschen verwenden Sie die im Handel erhältlichen **Flaschenbürsten.**
Partyfässer und wiederbefüllbare Partydosen aus Blech werden ebenfalls wie oben angeführt gereinigt. Die Gummiringe der Bügelflaschen werden vor dem Wiederbefüllen in heißem Wasser sterilisiert. Vor dem Befüllen werden Flaschen wie Fässer noch einmal gut mit Wasser gespült.
Das fertige Bier wird aus dem Gärgefäß mittels eines ca. 1,5 m langen Schlauches aus Plastik oder Gummi durch Ansaugen am unteren Ende abgezogen und in die bereitgestellten Flaschen oder Fässer gefüllt. Das obere Ende des Schlauches befindet sich im Gärbehälter. Für diesen Vorgang benötigen Sie die Hilfe einer zweiten Person, welche darauf achtet, daß der Schlauch im Gärbottich unter der Oberfläche des Bieres bleibt. Die bereitgestellten Flaschen werden möglichst ohne große Schaumbildung bis ca. 3 cm unter den Rand gefüllt und sofort verschlossen. Wenn Sie den Schlauch bis an den Boden der Flasche einführen, verhindern Sie übermäßige Schaumbildung.
Das Abfüllen geht nicht ohne Verschütten von Bier ab. Sorgen Sie daher für ein **Tropfgefäß** zum Auffangen des überschäumenden Bieres!
Einfacher ist das Abfüllen, wenn der Gärbottich ein **Ablaßventil** hat. Es läßt sich leichter regulieren, und fremde Hilfe ist entbehrlich.
Partydosen aus Blech besitzen einen Hartgummipfropfen mit einem Durchstoßstück. Diese Dosen lassen sich ebenfalls leicht reinigen und zu Hause wiederbefüllen. Der Verschlußpfropfen wird – wie die Gummiringe der Bügelflaschen – in heißem Wasser sterilisiert. Das Durchstoßstück bleibt im leeren Faß und kann durch die Öffnung an der Oberseite wiederentnommen werden. Die Befüllung erfolgt ebenfalls durch diese Öffnung.

FLASCHENETIKETTEN

Um den richtigen Zeitpunkt der Verkostung Ihres Bieres bestimmen zu können, sollten Sie Ihre Flaschen bzw. Fässer mit dem **Abfülldatum** kennzeichnen. Wenn Sie Flaschen verschiedener Brauvorgänge in Ihrem Bierkeller lagern, steigt die Verwechslungsgefahr, da Bier von außen an den Flaschen nicht zu unterscheiden ist. Die **Etiketten** in den Brauereien enthalten Angaben u. a. über Stammwürzegehalt, Alkoholgehalt, Haltbarkeit, Typenbezeichnung des Bieres und, zumeist verkodet, Angaben über den Zeitpunkt der Abfüllung.
Angesichts der vielen Mühe, die Sie sich bisher mit der Erzeugung Ihres eigenen Bieres gemacht haben, sollten Sie nicht davor zurückschrecken, eigene Etiketten für Ihr Bier zu entwerfen! Wichtige Angaben, wie **Abfülltag** oder **Typenbezeichnung,** gehören aber auf jeden Fall darauf.

Vorbereitungen zum Abfüllen

Abfüllen über den Entsafter

Abfüllen mittels Schlauches

Es gibt viele Gebinde zum Lagern von Bier

Individuell gestaltete Flaschenetiketten eignen sich hervorragend, eine Flasche selbstgebrauten Bieres zu einem ganz **persönlichen Geschenk** zu machen!

LAGERUNG DES BIERES

Das Bier ist nach dem Abfüllen bereits „fertig", wird aber als noch **„jung"** bezeichnet. Die Lagerung beeinflußt Güte und Geschmack. Bier ist besonders licht- und temperaturempfindlich.
Obergäriges Bier, das nach 2–3 Tagen Hauptgärung in Flaschen abgefüllt wird, gärt in diesen noch einige Tage nach. Der dabei entstehende **Überdruck** muß durch mehrmaliges kurzes Öffnen der Bügelflaschen abgelassen werden: in den ersten Tagen nach Ende der Hauptgärung täglich, später, wenn der Druck des Bieres nachläßt, alle zwei Tage. Ein Restdruck aufgrund der entstehenden Kohlensäure ist für die Haltbarkeit aber unbedingt notwendig.

> Wird der Überdruck nicht abgelassen, besteht die Gefahr, daß er die Flaschen **zerspringen** läßt!

Die optimale Lagertemperatur liegt bei **8° C.** Das entspricht auch der besten Trinktemperatur des Bieres. Sie erreichen diese Temperatur durch Lagerung im Kühlschrank oder im Keller. Um die Nachgärung in den Flaschen abzuschließen, ist eine Lagerung über mehrere Tage bei 2–4° C von Vorteil. Aber Achtung: Bier ist sehr **temperaturempfindlich** und gefriert bei ca. –2° C!
Auch abrupte Temperaturschwankungen schaden der Qualität. Nach ca. 1–2 Wochen ist Ihr Bier ausgereift und trinkfertig.
Obergäriges Bier hält sich bei guten Lagerbedingungen **6 Wochen** lang ohne nennenswerten Qualitätsverlust.

> Lagern Sie Bier immer kühl und vor Licht geschützt!
> Im Unterschied zum Wein, bei dem der Korken durch liegende Lagerung befeuchtet werden soll, wird Bier immer stehend gelagert, damit sich die Hefebestandteile und Trübstoffe am Boden der Flasche absetzen können.

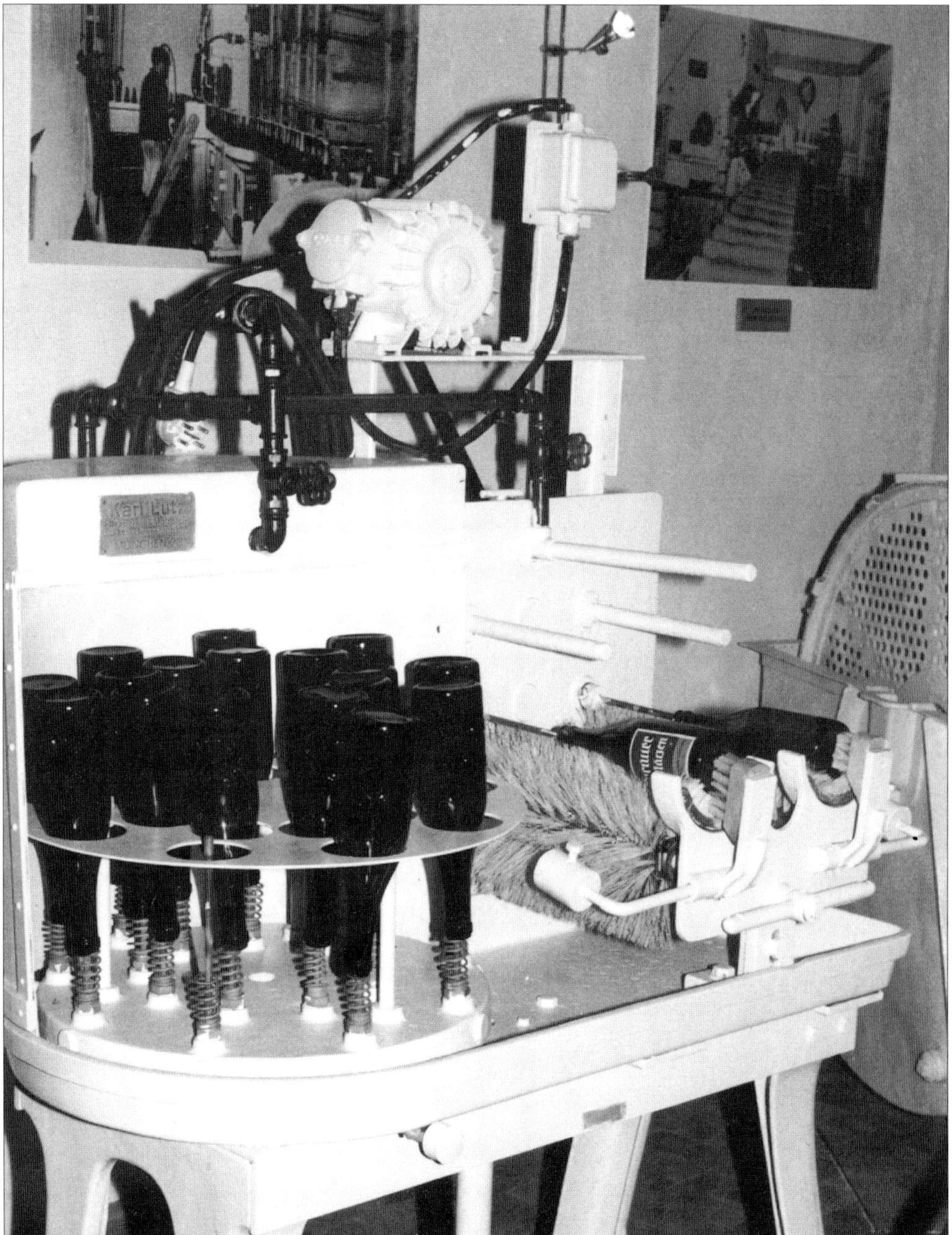

Eine historische Flaschenwaschmaschine

BRAUPROTOKOLL

Brauereien führen von jedem Brauvorgang genaue Aufzeichnungen, ein sog. **„Brauprotokoll"**. Einerseits dient es als Grundlage für die Nachkalkulation und die Auswertung der Brauausbeute, andererseits lassen sich damit eventuell auftretende Fehler in Zukunft vermeiden.
Bei Ihnen werden wirtschaftliche Überlegungen keine so große Rolle spielen, sehr wohl hilft Ihnen ein exakt geführtes Brauprotokoll aber beim **Erkennen** und Ausmerzen von **Brau-** und **Gärfehlern.** Auf Seite 68 finden Sie ein solches mit den wichtigsten Angaben.
Je detailliertere Angaben Sie in Ihr Brauprotokoll aufnehmen, desto leichter ist es auch, ein besonders gelungenes Bier noch einmal zu brauen.
Folgende Angaben sollte Ihr Brauprotokoll unbedingt enthalten:

- Datum des Brauens
- Menge des Malzes und Bezeichnung der Sorte
- Menge des Brauwassers
- Einmaischtemperatur und Rastzeit
- 1. Verzuckerungsrast und Rastzeit
- 2. Verzuckerungsrast und Rastzeit
- Ergebnis der Jodprobe
- Menge des Wassers beim Nachschwemmen (Nachguß)
- Menge der Hopfenbeigabe, Sorte
- Kochzeit der Würze
- Menge der Hefebeigabe und Gärtemperatur
- Zeitpunkt der Hefebeigabe
- Beginn der Gärung (Bläschenbildung)
- Dauer der Hauptgärung
- Abfülldatum
- Dauer der Nachgärung
- Raum für besondere Beobachtungen

Sollten Sie mittels Spindel den Würze- bzw. den Alkoholgehalt des Bieres exakt bestimmen, gehört dies ebenfalls im Brauprotokoll vermerkt.
Brauereien sind aufgrund gesetzlicher Vorschriften verpflichtet, den Würze- und Alkoholgehalt exakt anzugeben, da sich daraus Steuern und Abgaben ableiten.
Näheres erfahren Sie dazu in den Kapiteln über „Rechtliche und steuerrechtliche Bestimmungen", Seite 99f.

SUDBERICHT

Sudnr.					Datum: ________
Sorte	M	Sp	P	B	

		kg	hl	°C	min	Uhrzeit	%
Malz:	Stamag						
	Koch						
Hopfen:	1.Gabe						
	2.Gabe						
	3.Gabe						
	Milchsäure						
	Gips						
	Einmaischen						
	ph	____					
	aufheizen auf						
	Rast						
	Bottich						
	aufheizen auf						
	Rast						
	aufheizen auf						
	Kochen						
	zubrühen auf						
	Läuterrast						
	Vorderwürze						
	1.Nachguß						
	2.Nachguß						
	3.Nachguß						
	Glattwasser						
	Pfanne voll um						
	Kochbeginn um						
	Kochen						
	Ausschlagen um						
	ph	____					

Bemerkungen:

Biersieder: ________________

VERKOSTEN DES BIERES

Nach den Mühen, die Sie sich mit der Herstellung Ihres eigenen Bieres gemacht haben, sind Sie sicherlich schon sehr gespannt, wie es schmecken wird. Sorgen Sie daher für die besten Umfeldbedingungen, wenn Sie Ihr erstes selbstgebrautes Bier verkosten.
Über die **optimale Trinktemperatur von 8° C** wurde schon berichtet.
Ihr Bier ist, da Sie zu Hause ja nicht die Möglichkeit haben, die Hefe und die Trübstoffe herauszufiltern, leicht trübe. Je weniger Sie daher die Flaschen oder das Faß vor dem Öffnen schütteln, desto mehr dieser Heferückstände und Trübstoffe bleiben am Boden zurück.
Viele Brauereien bieten heute ungefilterte Biere als besondere Spezialitäten an (Zwickelbier). Bei Hefeweizenbieren etwa wird die Hefe den Flaschen beigegeben, und die Gärung erfolgt in diesen.
Welches **Trinkglas** Sie für Ihr Bier verwenden wollen, ist sehr schwer zu beantworten. In der Vielfalt der Angebote wird sich gewiß ein Ihnen besonders zusagendes Glas finden. Für die einzelnen Biertypen gibt es ganz verschiedene Gläser: für Pils sogenannte Tulpen, die den Schaum besonders gut halten, oder hohe Weißbiergläser oder die kleinen Gläser für Altbier. Bier wird auch mit den Augen genossen. Wählen Sie daher das Glas besonders sorgfältig aus, es muß ja nicht unbedingt ein Limonade- oder Wasserglas sein!
Für Biergläser gilt ebenfalls das im Kapitel über die Reinigung der Flaschen Gesagte. Verwenden Sie möglichst keine Geschirrspülmittel, da deren Rückstände die **Schaumbildung** Ihres Bieres beeinträchtigen. Entweder nehmen Sie für die Reinigung Ihrer Biergläser spezielle Reinigungsmittel, wie sie auch in der Gastronomie zum Einsatz kommen, oder Sie reinigen Ihre Gläser nur mit einer **Glasbürste** und **heißem Wasser.**

Gute Wirte spülen ihre Gläser vor dem Zapfen aus dem Faß noch einmal kurz mit klarem, kaltem Wasser!

MIT BIERKULTUR ZUM BIERGENUSS

Einschenkregeln aus dem Faß:

1. Das saubere Glas mit kaltem Wasser spülen.
2. Das Bierglas beim Einschenken grundsätzlich leicht schräg halten.
3. Zuerst das Glas $^1/_3$-voll einschenken und das Bier absetzen lassen, bis der Schaum eine kompakte Form angenommen hat.
4. Vollschenken und warten, bis der zweite Schaumring kompakt ist.
5. Zum Schluß den dritten Schaumring aufsetzen, der erst zur richtigen „Haube“ führt.
6. Der Einschenkvorgang kann bis etwa 3 Minuten dauern.

Einschenkregeln aus der Flasche:
1. Das saubere Glas mit kaltem Wasser spülen.
2. Das Bierglas wird kerzengerade gehalten, die Flasche im rechten Winkel dazu.
3. Das Bier wird in die Mitte des Glases gegossen, bis sich eine schöne Schaumkrone bildet.
4. Warten, bis sich der Schaum gesetzt hat, und durch Nachschenken eine „Haube" aufsetzen.
5. Der Einschenkvorgang dauert 2–3 Minuten.

Alle fetthaltigen Flüssigkeiten (z. B. Milch) sollten nicht aus Ihren Biergläsern getrunken werden! Sie hinterlassen ebenfalls Rückstände.
Stellen Sie die gereinigten Gläser mit der Öffnung nach unten auf ein Geschirrtuch zum Abrinnen und Trocknen.
Lassen Sie Ihr Bier auch von Ihren Freunden durch Verkosten bewerten, eventuell in einem Blindtest gegenüber käuflich erworbenen Bieren. Prüfen Sie kritisch den Geschmack des Bieres, und versuchen Sie, durch leichte Veränderungen bei den Zutaten **IHR ganz persönliches Bier** zu brauen.

BRAUFEHLER

DAS BIER GÄRT NICHT

Setzt die Gärung nicht nach 24–30 Stunden ein, kann dies folgende Ursachen haben:

- Das Malz konnte sich im Malzvorgang nicht in Malzzucker umwandeln. Entweder wurden die angegebenen **Rastzeiten** (Verzuckerung) nicht exakt eingehalten, oder das Malz war nicht mehr in Ordnung. Haben Sie die **Jodprobe** gemacht?
- Die **Hefe** war nicht mehr aktiv. Entweder war sie schon zu alt, oder sie wurde der noch zu **heißen Würze** beigegeben und damit **abgetötet.**
- Befinden sich noch zu viele **Trübstoffe** in der filtrierten Würze, kann es ebenfalls zur Beeinträchtigung der Gärung kommen.
- Durch **unsauberes Arbeiten** entstehen **Infektionen,** die den Gärungsverlauf beeinträchtigen.

DAS BIER SCHMECKT BITTER

Die Ursache kann eine zu große **Hopfenbeigabe** sein.

DAS BIER SCHMECKT SAUER

Durch **unsauberes Arbeiten** entstehen Fehlgärungen; das Bier wird dadurch ungenießbar. Durch wilde Hefen und andere Bakterien bilden sich **Milch-** bzw. **Essigsäure.**

ZU WENIG KOHLENSÄURE IM BIER

Fehlt die Kohlensäure, schmeckt das Bier schal. Ursachen können sein:

- Die Kohlensäure ist beim **Abfüllen entwichen.**
- Die **Vergärung** war bereits **abgeschlossen,** dadurch konnte in der Flasche keine Nachvergärung stattfinden, da kein Restzucker zur weiteren Vergärung vorhanden ist.
- Beim Abfüllen gelangten zu wenig Hefen in die Flaschen oder in das Faß. Dadurch kam es zu keiner Nachgärung.

- Die **Dichtungen** der Bügelflaschen sind bereits verbraucht, die **Kohlensäure entweicht** aus den befüllten Flaschen.

Sie können dieses Bier durch „Mischen“ mit gekauftem Bier im Verhältnis 1:1 oder 1:2 trinkfertig machen („verschneiden“).

ZU VIEL KOHLENSÄURE IM BIER

Beim Öffnen der Flaschen schäumen diese über, und im Glas bildet sich überwiegend Schaum. Das Bier wurde zu früh abgefüllt; die Hauptgärung war noch nicht abgeschlossen und die Gärung in der Flasche somit zu stark. Sie können durch mehrmaliges vorsichtiges Öffnen der Bügelflaschen den Überdruck entweichen lassen.

REZEPTTEIL

In diesem Kapitel werden neun ausgewählte und überprüfte Rezepte angeführt. Das erste eignet sich für die ersten Brauversuche, da das flüssige Malz viele Arbeitsschritte wesentlich vereinfacht.
Im Anschluß daran finden Sie vier Rezepte vor allem für obergärige und dann vier weitere Rezepte für untergärige Hefen. Die Mengenangaben beziehen sich auf optimale Rohstoffe, wie Wasser, Malz und Hopfen. Durch die Verwendung minderwertiger Zutaten kann es zu deutlichen Abweichungen im Stammwürzegehalt kommen, was für den Eigenbedarf zwar keine große Bedeutung hat, sich aber sehr wohl empfindlich auswirkt, wenn Sie Ihr Bier verkaufen wollen und gegen rechtliche Bestimmungen verstoßen.
Wie schon mehrmals in diesem Buch erwähnt, beschränkt sich auch dieser Abschnitt auf das einfachste Brauverfahren **(Infusionsverfahren).**

Alle Rezepte dieses Buches entsprechen den strengen Bestimmungen des Deutschen Reinheitsgebotes!

Bei den Rezepten auf den folgenden Seiten finden Sie bewußt keine Angaben zur Menge der für die Vergärung notwendigen Hefe. Je nach Hefestamm und Art (trocken oder flüssig) variiert die Menge beträchtlich. Bei Trockenhefe wird eine genaue Beschreibung mitgeliefert.
Besorgen Sie sich Hefe aus einer Hausbrauerei oder einer gewerblichen Brauerei, fragen Sie bitte den zuständigen Braumeister.

MALZEXTRAKTBIER (Obergäriges Bier)

für 15 l Bier

1 l	Flüssigmalz
15 l	Wasser
40 g	Hopfen (Pellets)

Bei diesem Rezept verwenden Sie Flüssigmalz, das Sie in Blechdosen oder Glasbehältern erhalten. Sie ersparen sich hiermit den gesamten Maischvorgang und das Läutern. Auch die Jodprobe entfällt, da das Malz bereits verzuckert ist.
Sie bringen das Brauwasser, in dem Sie das Flüssigmalz unter kräftigem Rühren auflösen, zum Kochen. Anschließend geben Sie die angeführte Hopfenmenge bei und kochen die Würze $1\frac{1}{2}$ Stunden lang. Dann filtern, rasch abkühlen und die Brauhefe beigeben.
Zeitbedarf 2–3 Stunden.

Der Vorteil dieses Rezeptes liegt in seiner einfachen Durchführung und dem geringen Zeitaufwand. Ihr Ehrgeiz wird Sie gewiß dazu bringen, nach diesem ersten Rezept zum „echten" Bierbrauen überzugehen!

WEIZENBIER (Obergäriges Bier)

für 10 l Bier		für 20 l Bier	
1 kg	helles Malz	2 kg	helles Malz
1,5 kg	Weizenmalz	3 kg	Weizenmalz
25 g	Hopfen (Pellets)	45 g	Hopfen (Pellets)
8 l	Wasser	14 l	Wasser
Nachguß	8–9 l	Nachguß	10–12 l
Trockenhefe oder Flüssighefe (obergärig)		Trockenhefe oder Flüssighefe (obergärig)	

Einmaischen bei 40° C.
Eiweißrast bei 55° C (15 min.).
Erwärmen auf 65° C, 30 min. Verzuckerungsrast (Jodprobe!).
Erwärmen auf 72° C, 30 min. Endverzuckerungsrast (Jodprobe!).
Erwärmen auf 78° C, 30 min. Rast, danach abläutern.
Der Restzucker der Maische wird mit 78° C warmem Wasser ausgewaschen.

Bei Weizenbier bildet sich bei der Vergärung mehr Kohlensäure. Entlüften Sie daher die Flaschen ganz besonders gut!

Dieses Weizenbier hat einen Stammwürzegehalt von 11–12%.
Lagerzeit 2–3 Wochen.

Weizenbier

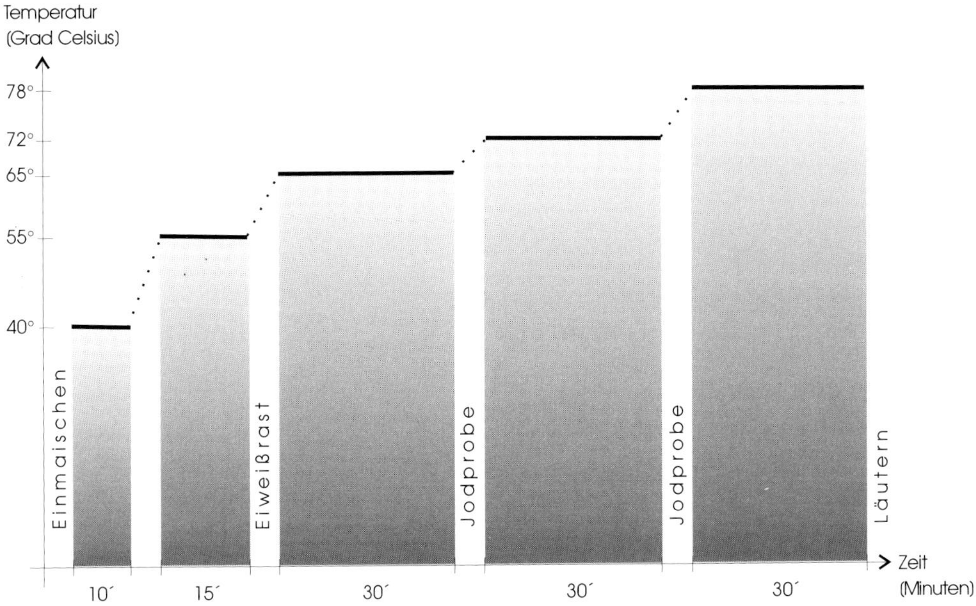

Ihre persönlichen Aufzeichnungen zu diesem Rezept:

DUNKLES WEIZENBIER (Obergäriges Bier)

für 10 l Bier		für 20 l Bier	
1,5 kg	helles Malz	2,5 kg	helles Malz
250 g	Karamelmalz	0,5 kg	Karamelmalz
25 g	Farbmalz	50 g	Farbmalz
1,3 kg	Weizenmalz	2,5 kg	Weizenmalz
20 g	Hopfen (Pellets)	30 g	Hopfen (Pellets)
8 l	Wasser	16 l	Wasser
Nachguß	8–10 l	Nachguß	16–18 l
Trockenhefe oder		Trockenhefe oder	
Flüssighefe (obergärig)		Flüssighefe (obergärig)	

Einmaischen bei 35° C.
Eiweißrast bei 55° C (15 min.).
Erwärmen auf 65° C, 40 min. Verzuckerungsrast (Jodprobe!).
Erwärmen auf 72° C, 30 min. Endverzuckerungsrast (Jodprobe!).
Erwärmen auf 78° C, 30 min. Rast, danach abläutern.
Der Restzucker der Maische wird mit 78° C warmem Wasser ausgewaschen.

Ein durch seine Farbe besonders ansprechendes Bier!

Dieses dunkle Weizenbier hat einen Stammwürzegehalt von 11–12%.
Lagerzeit 1–2 Wochen.

Dunkles Weizenbier

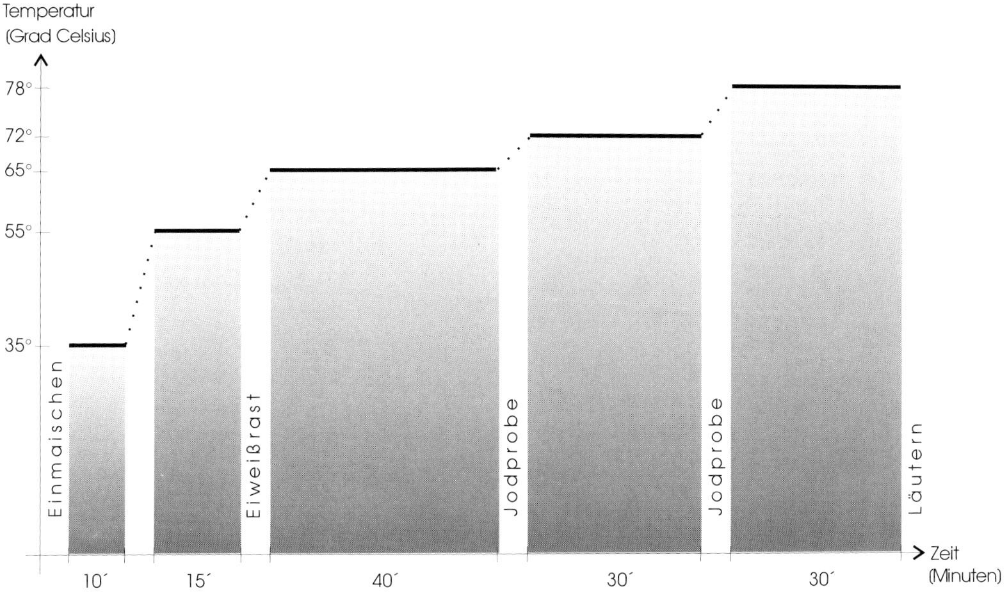

Ihre persönlichen Aufzeichnungen zu diesem Rezept:

ALTBIER (Obergäriges Bier)

für 10 l Bier		für 20 l Bier	
0,5 kg	helles Malz	1 kg	helles Malz
2 kg	dunkles Malz	4 kg	dunkles Malz
25 g	Hopfen (Pellets)	50 g	Hopfen (Pellets)
8 l	Wasser	14 l	Wasser
Nachguß	8 l Wasser	Nachguß	10–12 l Wasser
Trockenhefe oder		Trockenhefe oder	
Flüssighefe (obergärig)		Flüssighefe (obergärig)	

Einmaischen bei 40° C.
Eiweißrast bei 55° C (15 min.).
Erwärmen auf 65° C, 40 min. Verzuckerungsrast (Jodprobe!).
Erwärmen auf 72° C, 40 min. Endverzuckerungsrast (Jodprobe!).
Erwärmen auf 78° C, 20 min. Rast, danach abläutern.
Der Restzucker der Maische wird mit 78° C warmem Wasser ausgewaschen.

Dieses Spezialbier hat eine ganz besondere Note!

Stammgewürzgehalt 11–12%.
Lagerzeit 6–8 Wochen.

Altbier

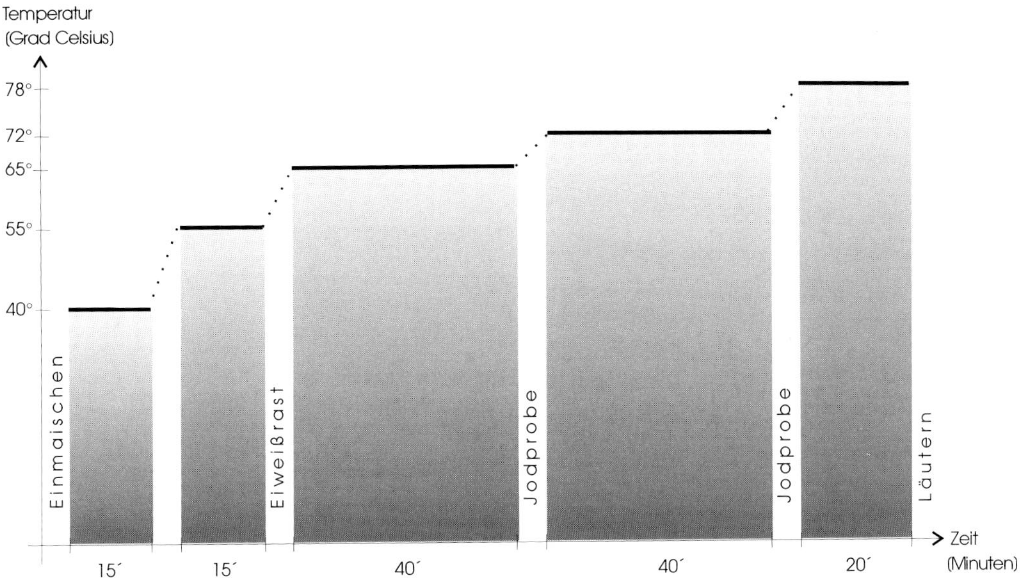

Ihre persönlichen Aufzeichnungen zu diesem Rezept:

WEIZENBOCK (Obergäriges Bier)

für 10 l Bier		für 20 l Bier	
1,5 kg	helles Malz (Münchner)	3 kg	helles Malz
1,5 kg	Weizenmalz	3 kg	Weizenmalz
20 g	Hopfen (Pellets)	40 g	Hopfen (Pellets)
8 l	Wasser	14 l	Wasser
Nachguß	8 l Wasser	Nachguß	12–14 l Wasser
Trockenhefe oder		Trockenhefe oder	
Flüssighefe (obergärig)		Flüssighefe (obergärig)	

Einmaischen bei 40° C.
Eiweißrast bei 55° C (15 min.).
Erwärmen auf 65° C, 40 min. Verzuckerungsrast (Jodprobe!).
Erwärmen auf 72° C, 30 min. Endverzuckerungsrast (Jodprobe!).
Erwärmen auf 78° C, 30 min. Rast, danach abläutern.
Der Restzucker der Maische wird mit 78° C warmem Wasser ausgewaschen.

> Diese Bierspezialität ist wegen ihres höheren Alkoholgehalts ein Bier für festliche Anlässe!

Stammwürzegehalt ca. 16%.
Lagerzeit 1–3 Wochen.

Weizenbock

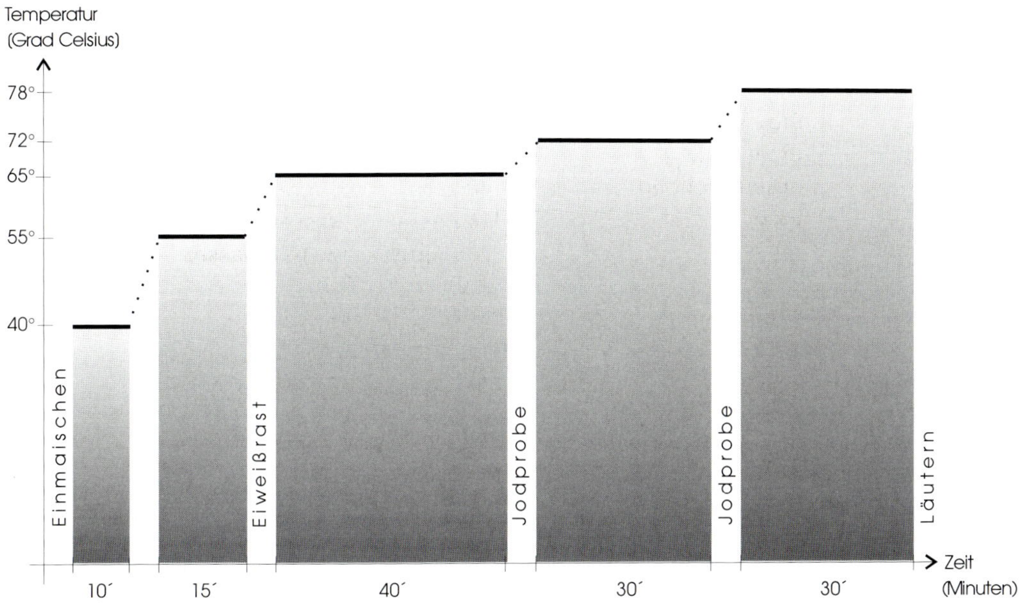

Ihre persönlichen Aufzeichnungen zu diesem Rezept:

PILS (Untergäriges Bier)

für 10 l Bier

2,3 kg	helles Malz
25 g	Hopfen (Pellets)
8 l	Wasser
Nachguß	4–6 l Wasser

Trockenhefe oder
Flüssighefe (untergärig)

für 20 l Bier

4,5 kg	helles Malz
50 g	Hopfen (Pellets)
14 l	Wasser
Nachguß	6–8 l Wasser

Trockenhefe oder
Flüssighefe (untergärig)

Einmaischen bei 35° C.
Eiweißrast bei 55° C (10 min.).
Erwärmen auf 65° C, 30 min. Verzuckerungsrast (Jodprobe!).
Erwärmen auf 72° C, 30 min. Endverzuckerungsrast (Jodprobe!).
Erwärmen auf 78° C, 30 min. Rast, danach abläutern.
Der Restzucker wird mit 78° C warmem Wasser ausgewaschen.

Ein Bier mit hopfiger, herber Note.

Stammwürzegehalt mindestens 12%.
Lagerzeit 4–5 Wochen.

Pils

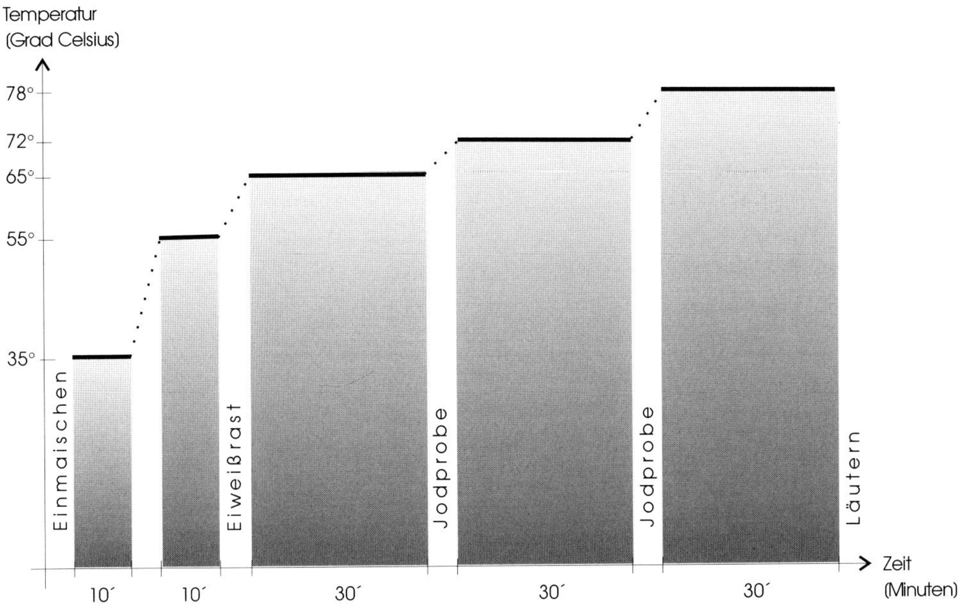

Ihre persönlichen Aufzeichnungen zu diesem Rezept:

MÄRZEN (Untergäriges Bier)

für 10 l Bier

2,2 kg	helles Malz
100 g	Münchner Malz
15 g	Hopfen (Pellets)
8 l	Wasser
Nachguß	8–10 l Wasser

Trockenhefe oder
Flüssighefe (untergärig)

für 20 l Bier

4,3 kg	helles Malz
200 g	Münchner Malz
30 g	Hopfen (Pellets)
14 l	Wasser
Nachguß	10–12 l Wasser

Trockenhefe oder
Flüssighefe (untergärig)

Einmaischen bei 40° C.
Eiweißrast bei 55° C (15 min.).
Erwärmen auf 65° C, 30 min. Verzuckerungsrast (Jodprobe!).
Erwärmen auf 72° C, 30 min. Endverzuckerungsrast (Jodprobe!).
Erwärmen auf 78° C, 30 min. Rast, danach abläutern.
Der Restzucker wird mit 78° C warmem Wasser ausgewaschen.

Ein abgerundetes, malziges Bier.

Stammwürzegehalt 11–12%.
Lagerzeit 4–5 Wochen.

Märzen

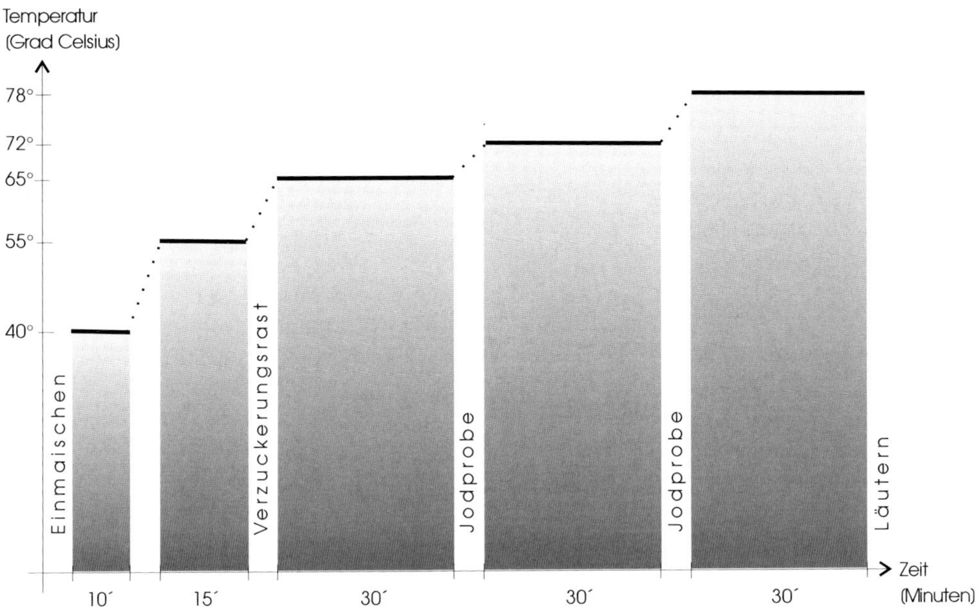

Ihre persönlichen Aufzeichnungen zu diesem Rezept:

SPEZIALBIER (Untergäriges Bier)

für 10 l Bier		für 20 l Bier	
2,5 kg	helles Malz	5 kg	helles Malz
125 g	Karamelmalz	250 g	Karamelmalz
13 g	Hopfen (Pellets)	25 g	Hopfen (Pellets)
7 l	Wasser	13 l	Wasser
Nachguß	8–10 l Wasser	Nachguß	12–13 l Wasser
Trockenhefe oder		Trockenhefe oder	
Flüssighefe (untergärig)		Flüssighefe (untergärig)	

Einmaischen bei 35° C.
Eiweißrast bei 55° C (15 min.).
Erwärmen auf 65° C, 30 min. Verzuckerungsrast (Jodprobe!).
Erwärmen auf 72° C, 30 min. Endverzuckerungsrast (Jodprobe!).
Erwärmen auf 78° C, 30 min. Rast, danach abläutern.
Der Restzucker wird mit 78° C warmem Wasser ausgewaschen.

Ein vollmundiges, stärkeres Bier.

Stammwürzegehalt 13–14%.
Lagerzeit 5–6 Wochen.

Spezialbier

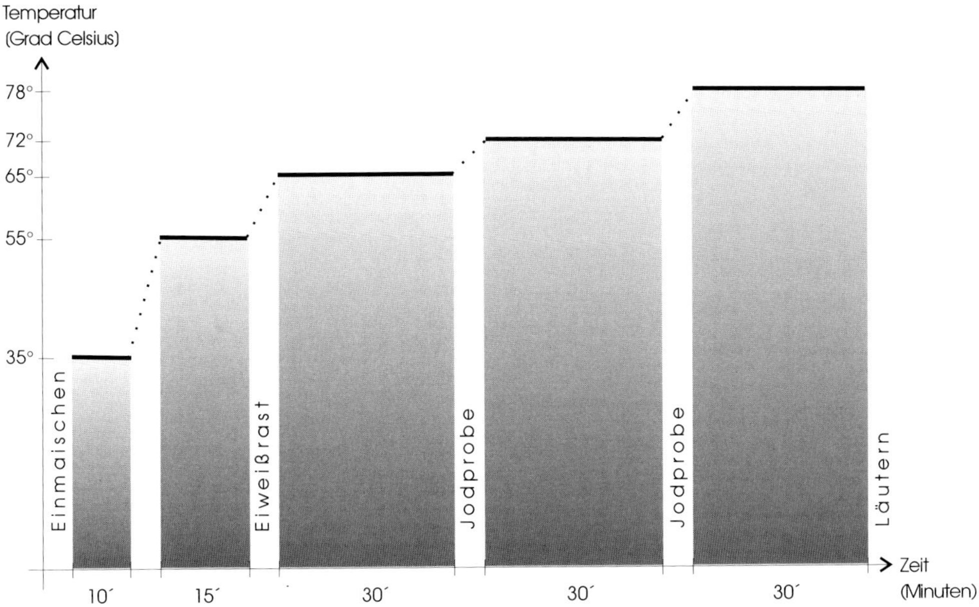

Ihre persönlichen Aufzeichnungen zu diesem Rezept:

BOCKBIER (Untergäriges Bier)

für 10 l Bier		für 20 l Bier	
3 kg	helles Malz (Münchner)	6 kg	helles Malz (Münchner)
150 g	Karamelmalz	300 g	Karamelmalz
20 g	Hopfen (Pellets)	40 g	Hopfen (Pellets)
8 l	Wasser	13 l	Wasser
Nachguß	8–10 l Wasser	Nachguß	10–12 l Wasser
Trockenhefe oder		Trockenhefe oder	
Flüssighefe (untergärig)		Flüssighefe (untergärig)	

Einmaischen bei 35° C.
Eiweißrast bei 55° C (20 min.).
Erwärmen auf 65° C, 30 min. Verzuckerungsrast (Jodprobe!).
Erwärmen auf 72° C, 30 min. Endverzuckerungsrast (Jodprobe!).
Erwärmen auf 78° C, 30 min. Rast, danach abläutern.
Der Restzucker der Maische wird mit 78° C warmem Wasser ausgewaschen.

Bockbier wird zu speziellen Anlässen gebraut!

Stammwürzegehalt ca. 16%.
Lagerzeit 5–7 Wochen.

Bockbier

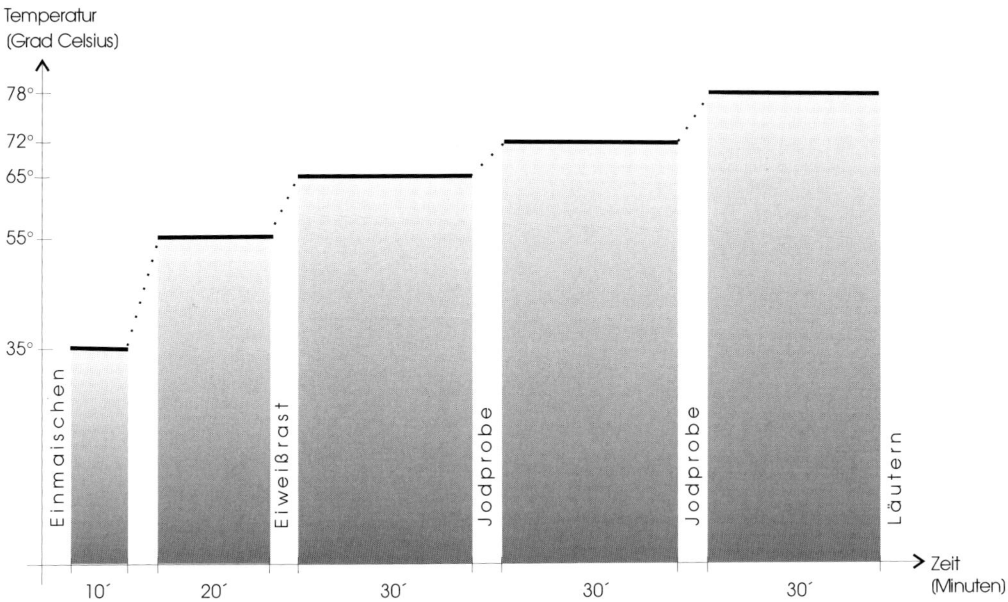

Ihre persönlichen Aufzeichnungen zu diesem Rezept:

BIER UND MEDIZIN

Bier ist nicht nur ein erfrischendes und durstlöschendes Getränk, es bietet infolge seiner Zusammensetzung auch viele medizinische Anwendungsmöglichkeiten.
Wie wissenschaftliche Untersuchungen gezeigt haben, ist Bier ein wertvoller Lieferant von **Vitaminen, Mineralstoffen** und lebenswichtigen **Spurenelementen.**

EIGENSCHAFTEN DES BIERES

DURSTLÖSCHER
Wasser und Mineralstoffe

ERFRISCHUNG
Kohlendioxid und organische Säuren

ENTSPANNUNG UND ANREGUNG
Bitterstoffe und Alkohol

GESCHMACK UND GERUCH
Aromastoffe und Herbstoffe

NÄHRWERT
Vitamine, Aminosäuren und Kohlenhydrate

DIÄT
Arm an Natrium- und Kohlenhydraten (Diätbier)

Nachdem durch den Brauprozeß die Inhaltsstoffe des Malzes und des Hopfens gleichsam bereits „vorverdaut" wurden, eignet sich Bier besonders als **Aufbaunahrung** nach schweren Erkrankungen und Operationen. Es kann vom Körper leicht aufgenommen werden, ohne den Organismus zusätzlich zu belasten, und wirkt **appetitanregend.** Die antiseptische Wirkung des Hopfens hat zur Folge, daß sich auch in verdorbenem Bier keine schädlichen Bakterien bilden können. Daher besteht beim Biergenuß keine Gefahr, pathogene Keime aufzunehmen.
Bier enthält Alkohol, wenn auch im Vergleich zu Wein und Schnaps in wesentlich geringeren Mengen. Doch soll hier nicht einem exzessiven Bierkonsum das Wort geredet werden! **Maßhalten – nicht die Maß halten!** Bier als Genußmittel regt die Herz-Kreislauf-Funktion an, fördert die Verdauung, wirkt sich positiv auf die Durchblutung aus und schwemmt durch das Ausscheiden über die Nieren viele Schadstoffe aus dem Körper. Beim Konsum von einem Liter Wasser werden durchschnittlich 385 ml Urin ausgeschieden, bei der gleichen Menge Bier hingegen 1012 ml – also mehr Flüssigkeit, als zugeführt wird!

Untersuchungen bei Sportlern, die ihren Körper andauernd belasten, sowie bei körperlich schwer arbeitenden Personen haben erwiesen, daß Bier nicht nur verlorene Flüssigkeit rasch ersetzt, sondern auch Mineralsalze und Spurenelemente liefert. Die Konzentrations- und Leistungsfähigkeit von Sportlern konnten durch kontrollierten Bierkonsum ebenfalls gesteigert werden.
Viele **Hausmittel** setzen Bier zur Bekämpfung der unterschiedlichsten Erkrankungen ein. Langzeituntersuchungen haben eine gewisse prophylaktische Wirkung durch mäßigen Bierkonsum vermuten lassen.
Durch klinische Versuche konnte ein positiver Effekt von Bier auf die Milchproduktion **stillender Mütter** nachgewiesen werden, ohne daß infolge des Alkoholgehalts schädliche Nebenwirkungen aufgetreten wären. Auch **Schwangeren** wird zur Ergänzung der Nahrung mit Mineralsalzen, Kalzium, Phosphor und Magnesium empfohlen, in den letzten Wochen der Gravidität Bier zu trinken.

INHALTSSTOFFE DES BIERES

BIER ENTHÄLT:

- 455 g Wasser
- 20 g Alkohol
- 20 g Wirklichen Extrakt
- 2,5 g Eiweiß
- 2,5 g gelöstes Kohlendioxid

DARÜBER HINAUS:

- Vitamine
- Mineralstoffe
- Bitterstoffe
- Sonstiges

RECHTLICHE BESTIMMUNGEN

Schon der altbabylonische König **Hammurapi** (1728–1686 v. Chr.) erließ erste schriftlich überlieferte Regeln für die Herstellung und Verbreitung von Bier, wobei er strenge Strafen für deren Nichteinhaltung androhte.
Um gesundheitliche Probleme durch Verwendung von für uns heute unvorstellbaren Zutaten (wie Ochsengalle, Schlangenkraut, Wermut) hintanzuhalten, erließ Herzog **Wilhelm von Bayern** 1516 das **„Reinheitsgebot"**. Auch wenn sich der Wortlaut dieser Verordnung im heutigen Juristendeutsch anders anhört – ihr Inhalt ist über Jahrhunderte gleich geblieben.
Doch nun zur Gegenwart: Wiewohl die EU lange Jahre versucht hat, die Zusammensetzung verschiedener Lebensmittel zu harmonisieren, gelang dies bei Bier jedenfalls nicht. Bier unterliegt daher auch in der EU den jeweiligen nationalen Zusammensetzungserfordernissen.
Mit dem EWR-Abkommen mußte jedoch auch die Judikatur des Europäischen Gerichtshofes (EuGH) übernommen werden. In vielen Urteilen – bekannt unter dem Schlagwort „Cassis"-Judikatur – vertrat der EuGH den Standpunkt, daß ein Produkt, das in einem Mitgliedstaat verkehrsfähig ist, auch in allen anderen Mitgliedstaaten verkehrsfähig sein muß. Auch in Sachen Bier gab es ein richtungsweisendes Urteil des EuGH im Zusammenhang mit dem Reinheitsgebot in Deutschland. Mit dem Inkrafttreten des EWR-Abkommens zum 1. Januar 1994 findet diese Judikatur des EuGH auch auf Österreich Anwendung. Dies bedeutet, daß Biere aus dem EWR-Raum, die den Bestimmungen des Herstellungslandes entsprechen, auch in Österreich verkehrsfähig sein müssen. Zur Täuschung des Verbrauchers geeignete Abweichungen in der Zusammensetzung sind jedoch kenntlich zu machen.

DAS DEUTSCHE BIERSTEUERGESETZ

Die aktuelle Regelung der zulässigen Rohstoffe für die Erzeugung von Bier ist in **§ 9 des Deutschen Biersteuergesetzes** enthalten. Explizit werden alle Grundstoffe angeführt.

§ 9 Bierbereitung
(1) Zur Bereitung von untergärigem Bier darf, abgesehen von den Vorschriften in den Absätzen 4 bis 6, nur Gerstenmalz, Hopfen, Hefe und Wasser verwendet werden.
(2) Die Bereitung von obergärigem Bier unterliegt derselben Vorschrift; es ist hierbei jedoch auch die Verwendung von anderem Malz und die Verwendung von technisch reinem Rohr-, Rüben- oder Invertzucker sowie von Stärkezucker und aus Zucker der bezeichneten Art hergestellten Farbmitteln zulässig.
(3) Unter Malz wird alles künstlich zum Keimen gebrachte Getreide verstanden.
(4) Die Verwendung von Farbebieren, die nur aus Malz, Hopfen, Hefe und Wasser hergestellt sind, ist bei der Bierbereitung gestattet, unterliegt jedoch besonderen Überwachungsmaßnahmen.

(5) An Stelle von Hopfen dürfen bei der Bierbereitung auch Hopfenpulver oder Hopfen in anderweit zerkleinerter Form oder Hopfenauszüge verwendet werden, sofern diese Erzeugnisse den nachstehenden Anforderungen entsprechen:

1. Hopfenpulver und anderweit zerkleinerter Hopfen sowie Hopfenauszüge müssen ausschließlich aus Hopfen gewonnen sein.
2. Hopfenauszüge müssen
   a) die beim Sudverfahren in die Bierwürze übergehenden Stoffe des Hopfens oder dessen Aroma- und Bitterstoffe in einer Beschaffenheit enthalten, wie sie Hopfen vor oder bei dem Kochen in der Bierwürze aufweist.
   b) Den Vorschriften des Lebensmittelrechts entsprechen.

Die Hopfenauszüge dürfen der Bierwürze nur vor Beginn oder während der Dauer des Würzekochens beigegeben werden.

(6) Als Klärmittel für Würze und Bier dürfen nur solche Stoffe verwendet werden, die mechanisch oder adsorbierend wirken und bis auf gesundheitlich, geruchlich und geschmacklich unbedenkliche, technisch unvermeidbare Anteile wieder ausgeschieden werden.

(7) Auf Antrag kann im einzelnen Fall zugelassen werden, daß bei der Bereitung von besonderen Bieren und von Bier, das zur Ausfuhr oder zu wissenschaftlichen Versuchen bestimmt ist, von den Absätzen 1 und 2 abgewichen wird.

(8) Die Vorschriften in den Absätzen 1 und 2 finden keine Anwendung für diejenigen Brauereien, die Bier nur für den Hausbedarf herstellen (Hausbrauer).

(9) Der Zusatz von Wasser zum Bier durch Brauer nach Feststellung des Extraktgehalts der Stammwürze im Gärkeller oder durch Bierhändler oder durch Wirte ist untersagt. Das Hauptzollamt kann Brauern unter den erforderlichen Sicherungsmaßnahmen den Zusatz von Wasser zum Bier nach Feststellung des Extraktgehaltes der Stammwürze im Gärkeller gestatten.

(10) Die Vermischung von Einfachbier, Schankbier, Vollbier und Starkbier miteinander sowie der Zusatz von Zucker zum Bier durch Brauer nach Entstehung der Steuer oder durch Bierhändler oder Wirte ist untersagt. Der Bundesminister der Finanzen kann Ausnahmen zulassen.

(11) Zur Herstellung von obergärigem Einfachbier kann nach Maßgabe der Zusatzstoff-Zulassungsverordnung vom 20. Dezember 1977 in der jeweils geltenden Fassung Süßstoff verwendet werden.

DAS ÖSTERREICHISCHE LEBENSMITTELBUCH

In Österreich regelt das **Österreichische Lebensmittelbuch** (Codex Alimentarius Austriacus) die Biererzeugung. Viele seiner Bestimmungen sind strenger als die einschlägigen Bestimmungen in der Bundesrepublik Deutschland. Für die Bierherstellung ist aber eine Reihe von **Zusatzstoffen** zulässig, die in Deutschland als Folge des „Deutschen Reinheitsgebotes" nicht verwendet werden dürfen.
Viele Brauereien in Österreich brauen aber ebenfalls gemäß den Bestimmungen des „Deutschen Reinheitsgebotes".

I. Beschreibung

1 Bier ist ein aus Zerealien, Hopfen und Wasser durch Maischen und Kochen hergestelltes, durch Hefe vergorenes, alkohol- und kohlensäurehältiges Getränk.

2 Als Zerealien (vermälzt[1] oder unvermälzt) werden Gerste, Weizen, Reis, Mais oder Erzeugnisse aus diesen verwendet.

3 Die Schüttung enthält mindestens 75 Gew.% Gersten- oder Weizenmalz oder Mischungen dieser beiden Malzarten.

4 Außer Doldenhopfen werden nur aus diesem gewonnene Hopfenprodukte (z. B. Hopfen-Pellets, Hopfenkonzentrate, Hopfenextrakte) ohne jeglichen Zusatz verwendet.

5 Nach der Art der verwendeten Hefe unterscheidet man untergärige und obergärige Biere. Es werden zur Gärung nur reine Hefestämme verwendet, lediglich für spezielle obergärige Biersorten können auch Mischkulturen mit Milchsäurebakterien verwendet werden.

6 Die Stärke des Bieres kommt in der Grädigkeit der Stammwürze zum Ausdruck. Jeder Grad Stammwürze bedeutet 1 Gramm Extrakt in 100 Gramm unvergorener Würze.

7 Biere mit einer Stammwürze von 9 bis 10 Grad werden als Abzugbiere, von 10 bis 12 Grad als Schankbiere, von 12 bis 14 Grad als Vollbiere bezeichnet. Biere mit einer Stammwürze von 13 Grad oder mehr können als Spezialbiere bezeichnet werden.
Nur Biere mit mindestens 16 Grad Stammwürze werden als Starkbier, Bockbier, Porterbier, Oster-, Pfingst- oder Weihnachtsbier bezeichnet. Biere mit höchstens 9 Grad Stammwürze und höchstens 3,7 Vol.% Alkohol werden als Leichtbier bezeichnet.

8 Als Lager- oder Märzenbier wird ein für Österreich typisches, ausgewogen-malziges, mild-hopfenbitteres, untergäriges Bier im Stammwürzebereich zwischen 12 und 12,8 Grad bezeichnet. Als Pils oder sinngemäß bezeichnete Biere sind untergärig und weisen eine Stammwürze zwischen 11 und 13 Grad auf; sie sind im wesentlichen stärker gehopft und hellfärbig. Als Weizenbier (Weißbier) bezeichnete Biere enthalten mindestens 50 Gew.% Weizenmalz in der Schüttung und weisen – sofern es sich nicht um Stark- oder Leichtbier im Sinne des Abs. 7 handelt – üblicherweise eine Stammwürze zwischen 11 und 13 Grad auf. Eine spezifische Sortenbezeichnung im vorhin genannten Sinn ersetzt eine Bezeichnung gemäß Abs. 7.

9 Bei in Verpackungen für Letztverbraucher in Verkehr gebrachten Bieren wird die Stammwürze in Graden deutlich sicht- und lesbar angegeben. Die Toleranz für die Deklaration der Stammwürze beträgt 0,2, bei Flaschengärung 0,5. Es erfolgt auch ein Hinweis, daß Bier vor Wärme geschützt zu lagern ist.

10 Bier ist ein durch Gärung erzeugtes Getränk, wobei der Alkohol einen wesentlichen Bestandteil darstellt. Bei in Verpackungen für Letztverbraucher in Verkehr gebrachten Bieren wird der Alkoholgehalt deutlich sicht- und lesbar in Volumsprozenten angegeben. Die Toleranz für die Deklaration des Alkoholgehalts beträgt 0,3, bei Flaschengärung 0,6. Alkohol wird nicht zugesetzt. Der Mindestalkoholgehalt beträgt 0,5 Vol.%. Daher ist auch die Bezeichnung „alkoholfreies Bier" oder gleichsinnig unzulässig.

11 Biere, die als „alkoholarm" oder unter einer gleichsinnigen Bezeichnung in Verkehr gebracht werden, enthalten nicht mehr als 1,9 Vol.% Alkohol.

12 Biere, die als „Nährbier" oder unter einer gleichsinnigen Bezeichnung in Verkehr gebracht werden, haben mindestens 12 Grad Stammwürze und werden aus den gleichen Rohstoffen wie andere Biere nach einem speziellen Verfahren hergestellt. Diese Biere haben bei üblichem Kohlensäuregehalt einen besonders hohen Restextrakt. Der „scheinbare Vergärungsgrad" darf höchstens 50% betragen.

13 Als „Bierkonzentrate" werden Produkte bezeichnet, die aus Bier durch besondere die Konzentration erhöhende Verfahren hergestellt werden und eine errechnete Stammwürze von mehr als 20 Grad haben. Bierkonzentrate werden zur Bierherstellung nicht verwendet. Aus Bierkonzentrat hergestellte Produkte werden nicht als Bier bezeichnet.

14 Die Azidität des Bieres rührt annähernd zu gleichen Teilen von primären Phosphaten und freien flüchtigen und nichtflüchtigen organischen Säuren her. Der pH-Wert des von der Kohlensäure befreiten Bieres liegt nicht über 4,9, bei untergärigem Bier nicht unter 4,0 und bei obergärigem Bier nicht unter 3,2. Allenfalls notwendige Korrekturen der Azidität werden nur im Sudhaus mittels Genußmilchsäure vorgenommen.

1) Bezüglich der Mälzung gilt das Codexkapitel B 20 „Mahl- und Schälprodukte", Abs. 2, sinngemäß.

15 Extrakterhöhende Stoffe werden nicht zugesetzt. Der natürliche Glyzeringehalt des Bieres schwankt zwischen 0,1 und 0,3 Gew.%.
16 Schweflige Säure wird dem Bier nicht zugesetzt. Der natürliche aus der Gärung stammende Gehalt an Schwefliger Säure beträgt bis zu 20 mg/l (berechnet als SO_2, bezogen auf 12 Grad Stammwürze).
17 Bier wird überwiegend klar in Verkehr gebracht.Die Klärung erfolgt nur durch physikalische Methoden (z. B. Filtration, Adsorption). Asbesthaltige Filter und Filterhilfsmittel werden nicht verwendet.
18 Zur Hintanhaltung später auftretender Eiweiß- und Gerbstofftrübungen werden nur gesundheitlich unbedenkliche Substanzen verwendet, die bis auf allfällige technisch unvermeidbare Spuren wieder entfernt werden.
19 Um ein besonders vollmundiges und schaumhaltiges Bier zu erhalten, werden diesem beim Abfüllen gelegentlich sogenannte Kräusen zugesetzt; unter „Kräusen" versteht man die am Anfang der Gärung stehende Bierwürze. Die so hergestellten Biere weisen – ebenso wie speziell bezeichnete (z. B. „Zwickl...") unfiltriert zum Verkauf gelangende Biere – eine Trübung auf. Eine leichte Trübung (z. B. Kältetrübung) kann auch von unlöslich gewordenen Eiweißstoffen herrühren.
20 Bier wird nicht chemisch konserviert. Für die Haltbarmachung kommen nur physikalische Methoden (z. B. Pasteurisierung, Entkeimungsfiltration) in Betracht.
21 Vorwiegend für die Herstellung dunkler Biere kann Zucker verwendet werden. Künstliche Süßstoffe werden bei der Herstellung von Bier nicht verwendet.
22 Bier wird nur mit Färbebier bis höchstens 100 EBC-Farbeinheiten gefärbt. Färbebier wird aus dunklem Malz, allenfalls mit Farbmalzzusatz hergestellt; es wird auf Sirupkonsistenz eingedickt (ca. 60 bis 65 Gew.% Trockensubstanzgehalt und mindestens 8000 EBC-Farbeinheiten)[2]. Ein Zusatz von Zuckercouleur ist nur bei Färbebier zulässig, das zur Herstellung von dunklem Bier verwendet wird.[3] Der Zuckercouleuranteil im Färbebier beträgt höchstens 50 Gew.%.
23 Um die Bildung geschmacklich unerwünschter Oxidationsprodukte zu verhindern, kann dem Bier Ascorbinsäure bis zu einer Höchstgrenze von 50 mg/l zugesetzt werden.
24 Schaumstabilisierende Mittel werden nicht zugesetzt.
25 Tropfbier (das von der Pipe oder vom Hahn abtropfende Bier) und Bierreste (z. B. „Hansel", das ist der in einem Gefäß stehengebliebene Bierrest, oder „Ausleerbier", das ist das beim Ausschank im Faß zurückbleibende Bier) werden nicht ausgeschenkt.

SCHWEIZER LEBENSMITTELVERORDNUNG

In der Schweiz regelt eine **Lebensmittelverordnung** das Herstellen von Bier. Sinngemäß gilt das über die Vorschriften in Österreich Gesagte.

Art. 377
(1) Bier ist ein alkoholisches und kohlensäurehaltiges Getränk, das aus einer Würze gewonnen wird, die mit Hefe vergoren wird und der Doldenhopfen oder Hopfenprodukte zugesetzt werden; die Würze ist aus stärke- oder zuckerhaltigen Rohstoffen und aus Trinkwasser hergestellt.
(2) Das Bier muß in der Regel klar sein. Nur bestimmte Biertypen (z. B. Hefebier) dürfen Trübungen oder Ablagerungen als Folge eines speziellen Herstellungsverfahrens aufweisen.

2) Derartiges Färbebier gilt nicht als Konzentrat gemäß Abs. 13.
3) Verordnung über den Zusatz von Farbstoffen zu Lebensmitteln und Verzehrprodukten, BGBl. Nr. 279/1979 i. d. g. F.

Art. 378
(1) Für die Herstellung der Würze können neben Gersten- oder Weizenmalz die folgenden stärke- oder zuckerhaltigen Rohstoffe verwendet werden:
a) Cerealien wie Gerste, Weizen, Mais, Reis;
b) Saccharose, Invertzucker, Dextrose, Glukosesirup bis höchstens 10 Gewichtsprozent;
c) Stärke bis höchstens 20 Gewichtsprozent.
(2) Als Hopfenprodukte gelten: Hopfenpulver, angereichertes Hopfenpulver, Hopfenextrakt, Hopfenextraktpulver und isomerisierter Hopfenextrakt.
(3) Für die Zubereitung der Würze dürfen Röstmalz und Röstmalzextrakte verwendet werden.
(4) Der pH-Wert des Bieres darf bei der Abgabe an den Verbraucher 5,0 nicht übersteigen.
(5) Der Gehalt an Kohlensäure muß mindestens 0,30 Gewichtsprozent betragen.

RECHTLICHE BESTIMMUNGEN FÜR DAS BRAUEN ZU HAUSE

Alle diese o. g. Bestimmungen gelten für das Brauen zu Hause selbstverständlich **nicht.** Bringen Sie hingegen Ihr Bier unter Einhaltung der steuerlichen Vorschriften zum Verkauf, so gelten diese Bestimmungen allerdings auch für Sie
Da Sie das **„Naturprodukt"** Bier selbst genießen wollen, sind Sie gewiß daran interessiert, nur **einwandfreie Rohstoffe** zu verwenden; Sie werden daher auf alle chemischen Beigaben verzichten. Der Schaum wird vielleicht nicht so lange halten, aber Sie wissen genau, was Sie trinken!

STEUERRECHTLICHE BESTIMMUNGEN

Sehr bald haben die Großen der jeweiligen Zeit erkannt, welch steuerlicher Ertrag aus der Produktion und dem Ausschank von Bier zu ziehen ist. Jahrhundertelang behielten sich daher Fürsten und andere Herrscher gewisse **Braurechte** vor oder vergaben sie nur gegen entsprechende Abgaben.
Heute wird die **Biersteuer** im deutschsprachigen Raum abhängig vom **Stammwürzegehalt** und gestaffelt nach der **Jahresausstoßmenge** der jeweiligen Brauerei berechnet und eingehoben.
In der Schweiz und in Österreich ist das Brauen zu Hause ohne jede amtliche Anmeldung und Bewilligung möglich. Der Verbrauch für den Eigenbedarf ist ebenfalls steuerfrei. Die Abgabe an Dritte – gleichgültig, ob gegen Bezahlung, an Freunde oder unentgeltlich – ist jedoch steuerpflichtig! Genaue Auskünfte über Höhe und Modalitäten der Steuerentrichtung erteilen Ihnen in **Österreich** das zuständige **Zollamt** und in der **Schweiz** die **Eidgenössische Oberzolldirektion,** Abteilung Bierbesteuerung, in Bern.
Davon abweichend ist in der Bundesrepublik Deutschland für das Brauen zu Hause

eine **Meldung** an das zuständige **Hauptzollamt** erforderlich. Darin müssen Datum, Anschrift, Menge und Bierart, die zu brauen Sie beabsichtigen, enthalten sein. Die Entrichtung der Biersteuer erfolgt im nachhinein; sie ist einerseits von der Menge und andererseits vom Stammwürzegehalt des gebrauten Bieres abhängig. In den meisten Fällen (ca. 25 l Vollbier pro Monat) werden Sie unter die Steuergrenze fallen und keine Steuer entrichten müssen. Das entbindet Sie aber nicht von der Pflicht, eine Meldung bzw. eine entsprechende Steuererklärung abzugeben!
Ein weiteres **Kuriosum** ist, daß es bis 1986 in der Bundesrepublik Deutschland sogar verboten war, Anleitungen für das Brauen zu Hause zu verbreiten! – **Dieses Buch hätte daher damals nicht verkauft werden dürfen!**
Weiterhin nicht erlaubt ist es, alle Rohstoffe (Hopfen, Malz und Hefe) gemeinsam, mit dem Hinweis auf die **Eignung zu Brauzwecken,** abzugeben. Sie können im einschlägigen Handel sämtliche Rohstoffe zusammen oder einzeln erwerben, aber der Verkäufer darf Ihnen nicht sagen, daß sie zum Brauen von … Liter Bier geeignet sind. Diese Bestimmungen sind gewiß mit eine Ursache, weshalb das Brauen zu Hause fast völlig in Vergessenheit geraten ist.
Derartige **Einschränkungen** gab es in Österreich und in der Schweiz nicht. Ähnliche Restriktionen gelten übrigens auch für die Tradition der bäuerlichen Verarbeitung von Obst zu Schnaps. Durch die nur sehr eingeschränkte Vergabe von **Brennlizenzen,** vorwiegend an gewerbliche und industrielle Brennereien, ist diese Form der Verarbeitung und Veredelung von Obst in der Bundesrepublik Deutschland fast verlorengegangen.

BEZUGSQUELLENVERZEICHNIS

Von den vier für das Bierbrauen benötigten Rohstoffen sind – mit Ausnahme des Wassers – in Ihrem Haushalt **Hopfen, Malz** und **Brauhefe** normalerweise nicht lagernd. Mälzereien und hopfenverarbeitende Betriebe liefern die für das Brauen zu Hause benötigten Mengen **nicht,** da sie gewohnt sind, den Bedarf an die großen Malzsilos der Brauereien in LKW-Ladungen abzugeben.
Infolge der stürmischen Entwicklung im Bereich der gewerblichen Hausbrauereien, die das von ihnen gebraute Bier in der angeschlossenen Gastwirtschaft selbst verkaufen – bei Kapazitäten von 150–300 Liter Bier pro Brauvorgang –, hat sich ein eigener Fachhandel entwickelt. Dieser beliefert kleine Hausbrauereien und auch Sie. Bei diesen **Versandhändlern** erhalten Sie Hopfen, Malz, Brauhefen, Thermometer, Bierspindeln, Flaschen, Fässer etc. für Ihre private „Brauerei". Sollte sich eine **gewerbliche Hausbrauerei** in Ihrer Nähe befinden, empfehlen Ihnen die Autoren, sich die Rohstoffe dort zu besorgen, und der Braumeister oder Wirt wird Ihnen gerne einige Tips und Ratschläge geben. Durch den Wegfall der nicht unbeträchtlichen Versandkosten und Kleinmengenzuschläge ist diese Rohstoffbeschaffung für Sie finanziell wesentlich günstiger. Vielleicht aber haben Sie über Bekannte Kontakt zu einer **Großbrauerei.** Viele von ihnen machen Führungen, und Sie erhalten dort den Bedarf für Ihr Brauen zu Hause. In etlichen **Apotheken, Drogerien, Reformhäusern** und **Naturkostläden** werden Sie ebenfalls die erforderlichen Rohstoffe erhalten. Dem **Branchenteil** Ihres **Telefonbuches** können Sie die nächstgelegene Hausbrauerei, Mälzerei etc. entnehmen. Geräte, wie Flaschen, Gärfässer, Schläuche etc., werden Sie in **Raiffeisenlagerhäusern** und in **Kellereibedarfsartikelgeschäften** erhalten.

BUNDESREPUBLIK DEUTSCHLAND

Albert Pfäffle GmbH.
Gymnasiumstr. 73
74072 Heilbronn
Tel.(0 71 31) 84 5 89 oder 85 6 30
Fax (0 71 31) 82 2 94

Friedrich Sauer
Lenzhalde 66, Postfach 2125
73750 Ostfildern
Tel. (0 97 61) 91 88-0
Fax (0 97 61) 91 88 44

EICHLER GmbH
Martin-Bihn-Straße 18
63094 Rodgau-Hainhausen · Deutschland
Telefon: (0 61 06) 61 6 71 · Fax: (0 61 06) 61 6 81

DER HOBBYBRAUER-VERSAND
Fachhandel für Bioland-Rohstoffe & Zubehör für die
Haus- und Hobby-Bierbrauerei
Udo Krause, Satkau Nr. 1, D-29459 Clenze, Tel. (0 58 44) 630

Dreikorn Bräu
Waldenserstraße 9 · D-75446 Wiernsheim
Telefon (0 70 44) 71 15 · Fax (0 70 44) 92 02 45

BIER-Company
Rund um's Selbstgebraute
Körtestraße 10, 10967 Berlin
Tel. (0 30) 69 32 7 20
Fax (0 30) 69 32 7 32

Brau-Partner
Alles für den Hobby-Brauer
K. Kling
Kastellstraße 14
74080 Heilbronn
Tel. (0 71 31) 45 3 53, Fax (0 71 31) 41 5 60

Diese Firmen beliefern Sie mit allen Rohstoffen bzw. erteilen Ihnen Auskunft über weitere Bezugsmöglichkeiten.
Wie schon im Kapitel über die rechtlichen Bestimmungen ausgeführt, ist es in der Bundesrepublik Deutschland leider noch immer **nicht möglich,** sämtliche Rohstoffe im Set mit dem **Hinweis auf die Eignung für das Bierbrauen anzubieten!**

Mälzereien
Branchenteil Ihres Telefonbuches

Hopfen, Hopfenextrakt, Hopfenpulver
Branchenteil IhresTelefonbuches

Brauhefen
Branchenteil Ihres Telefonbuches

ÖSTERREICH

Österreich kennt keine Einschränkungen nach dem deutschen Biersteuergesetz, daher haben sich einige Firmen bereits darauf spezialisiert, ein **Gesamt-Set** für das **Bierbrauen zu Hause** anzubieten. Fordern Sie bei diesen **Versandhändlern** eine **Preisliste** an, und wählen Sie daraus Ihre Zutaten!

LS-Technik GesmbH.
Ing. L. Schlögl
Wehrgasse 6, A-2563 Pottenstein
Tel. (0 26 72) 82 4 19
Fax: (0 26 72) 82 4 19-7

Kellereibedarf
Roswitha Knopf
Gurkgasse 16, A-1140 Wien
Tel. (0 222) 982 62 40
Fax (0 222) 982 82 08

Dietmar Gohm
„Der Heimbrauer“
A-6822 Düns 108
Tel. u. Fax (0 55 24) 24 59

Höglinger und Huber OHG
Rheinstraße11
A-3423 St. Andrä-Wördern
Tel. u. Fax (0 22 42) 33 55 1

Mälzereien
Branchenteil Ihres Telefonbuches

Hopfen, Hopfenextrakt, Hopfenpulver
Branchenteil Ihres Telefonbuches

Brauhefen
In Österreich gibt es keine Reinzuchtanstalten für die Züchtung von Brauhefen. Trockenhefen liefern die oben angegebenen Firmen. Eventuell können Sie sich Brauhefen auch unter den bei den deutschen Bezugsquellen angegebenen Adressen besorgen.

SCHWEIZ

SIOS Homebrew Shop
„The Beer People"
Postfach 2004
CH-8645 Jona
Tel./Fax ++41 55 282 43 23

BIERMANN BIER
Heimbrauartikel
Martin Biedermann
Bahnhofstrasse, Postfach 107
CH-3718 Kandersteg
Tel. (0 50 33) 75 20 20

HAUSBRAUEREIEN

In letzter Zeit haben sich in vielen österreichischen und deutschen Orten wieder kleinere Hausbrauereien etabliert, die das dort gebraute Bier im angeschlossenen Gasthaus direkt verkaufen.
Sollte sich in Ihrer Nähe eine solche Hausbrauerei befinden, so kontaktieren Sie den Braumeister oder Wirt. Er wird Ihnen gewiß die Rohstoffe für Ihre Brauversuche verkaufen und Ihnen bei etwaigen Fragen mit fachmännischem Rat zur Seite stehen.
Tragen Sie sich ebenfalls mit dem Gedanken, eine derartige „Kleinbrauerei" zu errichten, verweisen die Autoren Sie auf einschlägige Firmen, die Ihnen die technischen Ausrüstungsgegenstände anbieten und bei der Planung behilflich sein werden.
In Österreich besteht – unter Einhaltung der steuerrechtlichen Vorschriften – im Rahmen des landwirtschaftlichen Nebenerwerbs die Möglichkeit, eine „Bierbuschenschank" zu betreiben. Diese Form des Veredelns der im eigenen Betrieb angebauten Braugerste kann für Tourismusregionen eine ähnliche Bedeutung erlangen wie die bereits bestehenden Wein- und Mostbuschenschenken. Für diese Form der „Brauereien" bietet beispielsweise die Firma LS-Technik GesmbH., Wehrgasse 6, 2563 Pottenstein, Tel. (0 26 72) 24 19, Fax (0 26 72) 52 67, Kleinbrauereien mit Kapazitäten von 50–300 l in Modulbauweise an.

KLEINES BRAU-ABC

Bierspindel:
Ein Meßgerät zur Bestimmung der gelösten Bestandteile in der Würze. Das Verhältnis gelöster Stoffe zu Wasser wird in Prozentsätzen angegeben. 12% Stammwürze bedeutet, daß 12 Teilen gelöster Stoffe 88 Teile Wasser gegenüberstehen.

Brauprotokoll:
Aufzeichnung der jeweiligen Brauvorgänge. Dient der Mengenkontrolle und dem Erkennen von Braufehlern, aber auch als buchhalterische Unterlage für die Abgabenentrichtung gemäß den einschlägigen Steuerbestimmungen.

Darren:
Darunter versteht man den Trocknungs- bzw. Röstprozeß in der Mälzerei.

Enzyme:
Sind im Malz enthaltene Biokatalysatoren, die die Aufspaltung in vergärbare Substanzen (Maltose und Dextrin) bewirken.

Filtern:
In Brauereien wird das fertige Bier gefiltert, damit Trübstoffe und Rückstände der Hefe aus ihm entfernt werden. Dadurch wird das Bier klar und durchsichtig. Ungefilterte Biere sind leicht trüb; sie enthalten durch diese Rückstände auch mehr Kalorien.

Hefen:
Sind Bioorganismen (Kleinstlebewesen), die bei der Vergärung die Umwandlung des Malzzuckers in Alkohol und Kohlensäure (CO_2) bewirken.

Hopfen:
Ein Maulbeergewächs, das dem Bier die charakteristische herbe Note verleiht. Für das Brauen werden nur die nicht befruchteten weiblichen Dolden verwendet. Die Bitterstoffe des Hopfens wirken antibakteriell und sind für die Konsistenz des Bierschaumes wichtig.

Infusionsverfahren:
Ein einfaches Brauverfahren, bei dem unter Einhaltung von Rastzeiten die Temperatur der Maische regelmäßig bis auf 78° C erhöht wird. Das für das Bierbrauen zu Hause optimale Verfahren!

Jodprobe:
Dient der Feststellung, ob die Enzyme des Malzes die Umwandlung in Maltose bewirkt haben. Bei Gelbfärbung der Jodprobe ist die Umwandlung in Malzzucker bereits abgeschlossen.

Karamelmalz:
Besondere Form des Braumalzes, das dem Bier den vollmundigen Geschmack verleiht.

Läutern:
Darunter versteht man das Trennen der festen von den flüssigen Bestandteilen der Maische.

Maischen:
Unter Maischen oder Einmaischen versteht man das Mischen des geschroteten Braumalzes mit dem Brauwasser.

Maltose:
Maltose oder Malzzucker entsteht bei der Umwandlung des Malzes durch Enzyme. Erst die Maltose ist durch Hefe in Alkohol und Kohlensäure (CO_2) umwandelbar.

Malz:
Entsteht durch die besondere Behandlung von Braugerste in den Mälzereien. Sie wird in Wasser gequollen und zum Keimen gebracht. Nach einigen Tagen wird der Malzvorgang beendet und das Malz gedarrt.

Obergäriges Bier:
Darunter versteht man ein mit obergäriger Hefe gebrautes Bier, das bei 15–20° C gärt. Es hat die Nachteile geringerer Haltbarkeit und Lagerfähigkeit.

pH-Wert:
Er gibt den Säuregehalt des Brauwassers an. Optimale Werte für Brauwasser liegen bei einem pH-Wert von 4–5. Er wird mittels handelsüblichem Indikatorpapier bestimmt.

Schroten:
Nennt man das Zerkleinern der Malzkörner vor dem eigentlichen Brauvorgang. Dabei werden die Malzkörner gröber zerkleinert als etwa beim Mahlen von Getreide zu Mehl.

Sud:
Als Sud bezeichnet man den Vorgang des Kochens der Würze.

Treber:
Der feste Rückstand der Maische, der beim Läutern vom flüssigen Teil (Würze) getrennt wird. Treber – als Abfallprodukt der Bierherstellung – wird als hochwertiges Futtermittel in der Viehzucht verwendet. Sie können Treber, sofern Sie selbst Brot backen, Ihrem Teig beigeben.

Untergäriges Bier:
Die meisten Biere werden heute untergärig gebraut. Die Vergärung erfolgt mit untergärigen Hefen bei einer Gärtemperatur von 4–8° C. Die Vorteile untergäriger Biere sind ihre längere Lagerfähigkeit und Haltbarkeit.

Würze:
Darunter versteht man den flüssigen Teil der Maische, der unter Beigabe von Hopfen gekocht wird.

Zuckercouleur:
Wird zum Färben obergäriger Biere verwendet. Nach dem „Deutschen Reinheitsgebot" der einzige für obergärige Biere zulässige Zusatzstoff.

Zwickelbier:
Ungefiltertes Bier, welches über einen eigenen Zwickelhahn dem Gärbottich entnommen wird. Zwickelbier wird in letzter Zeit verstärkt als eine Besonderheit angeboten.

WEITERFÜHRENDE LITERATUR

Theodor Böttinger, Das Taschenbuch vom Bier. Wilhelm Heyne Verlag, München, 4. Auflage 1975.

Wolfgang Vogel, Bier aus eigenem Keller. Verlag Eugen Ulmer, Stuttgart, 3. Auflage 1993.

Der vollkommene Bierbrauer oder Kurzer Unterricht, alle Arten Biere zu brauen, wie auch verdorbene Biere wieder gut zu machen, auch alle Arten von Kräuter-Bieren: nebst einem Anhang vom Methsieden. Reprint der Originalausgabe Frankfurt/Leipzig 1784, Reprintverlag Leipzig, 1990.

Thomas Klawunn/Arne Grunau, Bier selbst gebraut. Eine praxisorientierte Anleitung für den Hausgebrauch. Verlag Karin Schulz, Göttingen, 3. Auflage 1994.

Ludwig Narziß, Abriß der Bierbrauerei. Ferdinand Enke Verlag, Stuttgart, 4. Auflage 1980.

Rolf Lohberg, Das große Lexikon vom Bier. Scripta Verlag, Stuttgart, 3. Auflage 1984.

Wulf-Jürgen Uhlmann, Bier und Gesundheit. Karl F. Haug Verlag, Heidelberg, 1970.

Georg Zentgraf/Ansgar Kneissl, Die Brauerei im Bild. Verlag Hans Carl, München, 9. Auflage 1989.

Karl-Ulrich Heyse (Hg.), Handbuch der Brauerei-Praxis. Verlag Hans Carl, München, 2. Auflage 1989.

Gesellschaft für Öffentlichkeitsarbeit der österreichischen Brauwirtschaft (Hg.), Wissenswertes rund ums Bier. Wien, 1993.

Kochen mit
BIER

Bierkulinarium

Daß Bier nicht gleich Bier ist, zeigt die Vielzahl an geschmacklich unterschiedlichen Varianten dieses Getränkes – vom hellen Pils über Weizenbier bis hin zum dunklen Bockbier.
Welches Bier sollen Sie nun beim Kochen verwenden?
Die folgende Tabelle gibt Ihnen einen kurzen Überblick als Empfehlung, welches Bier zu welchen Speisen getrunken wird. Als Regel gilt, wie erwähnt, daß man zum Kochen dasselbe Bier verwendet, das man im Anschluß auch zum Essen trinkt.

Aperitif	Pils, Weizenbier, Bockbier
Hors d'œuvre	Leichtbier, Pils
Räucherfisch	Weizenbier
Fischgerichte	Weizenbier, Leichtbier
Geflügel	Spezialbier, Pils, Weizenbier
Braten	Spezialbier, Bockbier
Rustikale Gerichte	Märzenbier, Spezialbier
Käse	Bockbier, Märzenbier, Hefeweizen, Pils
Desserts	Doppelbock, Bockbier

Suppen

Bierschaumsuppe mit Gerstennockerln

Biersuppe	
1/4 l Fleischsuppe	mit der Hälfte von
1/4 l Obers (Sahne)	
50 g Butter	
1/3 l Bier	und der kleingeschnittenen
1 Kartoffel	gut durchkochen.
Muskat	
Zitronenschale (unbehandelt)	
1 Prise Zucker	
1 Prise Zimt	
Salz	
Peffer	untermischen;
3 Eidotter	mit dem restlichen Bier abrühren und in die Suppe einrühren. Die restliche Butter mit dem Mixer einschlagen, damit die Suppe schön sämig wird. Nicht kochen lassen!
Gerstennockerln	
50 g Butter	
1 Ei	flaumig rühren,
50 Gerstenmehl	
1 Eßlöffel (EL) Sesam	
Koriander	dazugeben. Mit dem Löffel Nockerln formen, ins heiße Wasser einlegen und 6 Min. ziehen lassen. Das restliche Obers schlagen.
	Die Suppe mit je einem Löffel Obers und Zimt bestreut servieren!

Braune Biersuppe

30–40 g Butter **1 EL Mehl**	miteinander verkneten und in einer Pfanne erhitzen;
2 EL Zucker	zugeben und die Einbrenn (Mehlschwitze) tiefbraun anlaufen lassen. Inzwischen
1 l dunkles Bier **1 Stange Zimt** **Zitronenschale (unbehandelt)** **Kardamom**	zum Kochen bringen. Die Einbrenn dem Bier unterrühren, einmal kurz aufkochen und mit
gerösteten Semmelschnitten	servieren!

Dänische Biersuppe

250 g Schwarzbrot	in Wasser einweichen und mit
1 Zitronenschale (abgerieben, unbehandelt)	zu einen dicklichen Brei verkochen. Durch ein Sieb streichen;
1 l dunkles Bier	dazugießen und unter Rühren 10 Min. kochen lassen;
50 g Zucker **4–6 EL Obers**	einrühren und vor dem Servieren unterheben.

EIERBIERSUPPE

1/2 l Altbier **1/2 l Rindsuppe** **Salz** **Pfeffer**	in einen Topf geben und rasch aufkochen lassen;
100 ml Obers **4 Eidotter**	miteinander verquirlen. Die Suppe vom Herd nehmen und mit dem Ei-Obers-Gemisch legieren.
4 Eiklar **Petersilie**	Mit Petersilie und Flocken aus steif geschlagenem Eiklar garnieren. Nach Geschmack geröstete Weißbrotscheiben dazureichen!

HAFERBIERSUPPE

1 l helles Bier **100 g Haferflocken**	mit vermischen und bei mäßiger Hitze aufkochen. Mit
1/2 Teelöffel (TL) **Ingwer** **Zucker**	und abschmecken.

Helle Biersuppe

1/2 l helles Bier **1/2 l Milch** **1/4 l Obers**	miteinander verrühren und
1 EL Kartoffelstärke	mit einigen EL des Bier-Milch-Obers-Gemisches anrühren;
1 Prise Salz **4–5 EL Zucker** **100 g Rosinen**	in das Gemisch geben und erhitzen. Die angerührte Kartoffelstärke unterziehen, kurz aufkochen lassen und vom Herd nehmen. Mit
3 Eidotter	legieren, mit
Zimt **Zucker**	abschmecken.

TIP Die Suppe mit Zwiebackstücken servieren!

HOLLÄNDISCHE BIERSUPPE

8 Eidotter	schaumig schlagen,
150 g Butter **1 EL Zucker** **Muskatnuß**	unterrühren;
1 Flasche Bockbier **1 Flasche leichter Weißwein**	dazugießen und unter Rühren knapp bis zum Kochen bringen. Nicht kochen lassen!
	Mit
gerösteten Weißbrotwürfeln	anrichten!

KNOBLAUCH-BROTWÜRFEL ZUR BIERSUPPE

2 Scheiben Weißbrot	entrinden, in kleine Würfel schneiden und zusammen mit
2 Knoblauchzehen (zerdrückt)	und
2 EL Butter	goldgelb rösten.

Holsteiner Biersuppe

150 g Schwarzbrot	in Wasser weichkochen und durch ein Sieb streichen;
1 Stange Zimt **1/2 Zitronenschale (unbehandelt)** **1 Prise Salz** **25 g Zucker** **100 g Rosinen**	untermischen und unter Rühren kochen lassen;
2 Äpfel **1/2 l Altbier**	schälen, in Scheiben schneiden und dazumengen, erhitzen und 10 Min. ohne Kochen ziehen lassen;
1 Ei	zu festem Schnee schlagen und
100 g Zucker	dazugeben.

In einen breiten Topf 1 cm hoch Wasser füllen und erhitzen. Vom Eischnee kleine Nockerln ins Wasser setzen und 3–4 Min. ohne Kochen fest werden lassen. Mit einigen Löffeln Suppe den Eidotter verquirlen und der Suppe beigeben.

Vor dem Servieren werden die Schneenockerln obenauf gesetzt.

Sauerkrautsuppe

1/2 l Bier	und
1/2 l Rindsuppe	kurz aufkochen und darin
250 g Sauerkraut	weich dünsten;
100 g Selchspeck	zusammen mit
1 Zwiebel	anrösten;
4 Frankfurter (Wiener Würstchen)	klein schneiden und alles zusammen zum Kraut geben. Durchrühren und mit
Salz	
Pfeffer	und
Tabasco-Sauce	würzen.
	Auf Teller verteilen und mit je
1 EL Sauerrahm	servieren!

SÜSSE BIERSUPPE

25 g Stärkemehl	mit etwas Milch anrühren;
1/2 l Milch	erhitzen, das angerührte Stärkemehl einrühren und kurz aufkochen;
1/2 l Malzbier	eingießen und wiederum bis zum Kochen erhitzen;
etwas Zucker **Zimt** **Eidotter (verquirlt)**	und einen zugeben.
1 Schuß Kognak	Kurz vor dem Servieren hinzufügen!

TIROLER BIERSUPPE

2 TL Mehl **2 Eiern** **1/2 Tasse Milch**	mit und glattrühren;
3/4 l dunkles Bier	dazugießen, unter ständigem Rühren erhitzen, bis es eingedickt ist. Nicht kochen!
Weißbrot **Butter**	in Würfel schneiden, in anrösten und zur Suppe reichen.

GEMÜSE

BIERKAROTTEN

500 g Karotten	putzen und in Scheiben schneiden;
1 EL Butter oder Margarine	erhitzen,
1 Zwiebel	klein schneiden und glasig anlaufen lassen. Die Karottenscheiben dazugeben, 5 Min. mitdünsten lassen;
1/4 l helles Bier	dazugeben, mit
Salz Pfeffer	würzen, gut durchrühren und alles bei geschlossenem Topf 10 Min. dünsten;
1 gestrichenen EL Kartoffelstärke	in etwas kaltem Wasser glattrühren und zum Gemüse geben;
50 g Mandeln (gehobelt)	dazugeben und 5 Min. miterhitzen;
2 EL Petersilie (gehackt)	darüberstreuen.

Bierkraut

750 g Weißkraut	teilen, den Strunk heraus-schneiden und das Kraut in feine Streifen schneiden;
75 g Räucherspeck	in Würfel schneiden, anrösten. Die kleingeschnittene
1 Zwiebel	darin anbraten, Kraut hinzufügen. Mit
1 TL Kümmel **Salz** **Pfeffer**	würzen und das Kraut dünsten, bis es zusammenfällt, nach und nach
1/2 l helles Bier **1/8 l Wasser**	hinzugießen, im geschlossenen Topf ca. 1 Std. dünsten;
1 EL Mehl	darüberstreuen, das Kraut sämig kochen lassen. Mit
Zucker **Essig**	abschmecken.

Bierzwiebeln

30 g Butter **500 g Zwiebeln**	erhitzen und die in Ringe geschnittenen ca. 10 Min. braten. Mit
Salz **Pfeffer** **Thymian** **Saft einer halben** **Zitrone** **Zucker**	 und würzen;
1 EL Mehl	darüberstäuben, unter Rühren ca. 3 Min. dünsten lassen;
1/4 l Bier	hinzugießen, etwa 20 Min. kochen lassen und die fertigen Zwiebeln mit
Petersilie (gehackt)	bestreuen.

TIP **Schmeckt als Beilage zum Schweinsbraten ausgezeichnet!**

Gedünstete Selleriescheiben

500 g Sellerie	schälen und in dünne Scheiben schneiden;
1 Zwiebel	fein hacken und zusammen mit der Sellerie in heißen
2 EL Butter	andünsten;
1 Lorbeerblatt **Salz** **Pfeffer** **1/4 l Bier**	dazugeben und mit aufgießen.
	Ca. 15 Min. dünsten lassen.

TIP Als Beilage zu gekochtem Schinken reichen!

Gefüllte Zwiebeln

4 große Zwiebeln	schälen, in
1/4 l Bier	und
1/4 l Rindsuppe	zugedeckt 10 Min. dünsten. Herausnehmen, halbieren und abkühlen lassen;
250 g Faschiertes (Hackfleisch) **50 g geriebenen Emmentaler** **1 Ei** **1 Semmel (eingeweicht und ausgedrückt)**	gut vermischen und mit
Salz	
Pfeffer	würzen.
	Zwiebelhälften bis auf einen 0,5 cm dicken Rand aushöhlen und 1/3 davon der Faschiermasse unterkneten. Die ausgehöhlten Zwiebeln mit der Masse füllen und in die Biersuppe stellen. Restliche Zwiebelstücke in die Sauce geben und die gefüllten Zwiebeln ca. 40 Min. im Backrohr bei 200° C backen.
	Die Sauce mit
1 EL Kartoffelstärke	binden und über die Zwiebelhälften gießen. Mit
Petersilie	bestreut servieren!

GEMÜSEEINTOPF

100 g Öl	erhitzen,
2 Zwiebeln	
1 grünen Paprika	und
1 roten Paprika	klein schneiden und rasch goldgelb anrösten;
2 Zucchini	und
1 Melanzani	würfelig schneiden und mitrösten, bis sie glasig sind;
4 Tomaten	in Stücke schneiden,
1 EL Tomatenmark	und
1/8 l helles Bier	unterrühren;
etwas Essig	
1 Prise Zucker	
2 Lorbeerblätter	
5 Knoblauchzehen	sowie ein wenig Wasser beigeben.
	Alles zugedeckt kernig weich kochen, schließlich mit
Salz	
Pfeffer	abschmecken.

TIP Dieses Gemüsegericht kann sowohl als Beilage wie auch als Vorspeise gereicht werden!

GEMÜSE IN BIERTEIG

200 g glattes Mehl **1/4 l helles Bier** **Salz** **1 EL zerlassene Butter** **2 Eidotter**	zu einem glatten Teig verrühren und 30 Min. rasten lassen;
250 g Karotten	schälen, in Stifte schneiden,
1 Knolle Sellerie	in Scheiben schneiden,
1/2 Rose Karfiol (Blumenkohl)	in Röschen zupfen, alles in Salzwasser kurz überkochen und kalt abschrecken;
2 Zucchini	in Scheiben schneiden,
Backfett	in einem Topf auf 170° C erhitzen;
2 Eiklar	zu Schnee schlagen und unter den Teig heben. Das Gemüse mit
Salz **Pfeffer** **Zitronensaft**	würzen, in
Mehl	wenden, einzeln durch den Teig ziehen und im Fett goldgelb herausbacken. Abtropfen lassen!

GURKEN-BIER-GEMÜSE

1 kg Salatgurken	schälen und in Würfel schneiden,
2 EL Butter	zergehen lassen und die Gurken darin anbraten; mit
Salz	
Pfeffer	würzen und mit
1/8 l Weizenbier	aufgießen, zugedeckt 15 Min. dünsten lassen. Die Temperatur reduzieren und
4 EL Obers	
2 EL Dille (gehackt)	unterrühren und noch ca. 2 Min. ziehen lassen.

TIP **Als Beilage zu Kalbsschnitzeln schmeckt dieses Gemüsegericht besonders gut!**

KRAUTEINTOPF

2 EL Butter	erhitzen,
1 Zwiebel	fein hacken und anlaufen lassen;
400 g Weißkraut	fein schneiden und
200 g Karotten	sowie
800 g Kartoffeln	würfelig schneiden,
400 g Selchspeck	kleinwürfelig geschnitten, dazugeben;
1/2 l Bier	aufgießen, mit
Salz	
Pfeffer	
Lorbeerblatt	würzen und zugedeckt 1 Std. kochen.
	Mit
Petersilie	und
Schnittlauch	bestreut servieren!

Krautrouladen in Biersauce

100 g Schinkenspeck	
100 g Schweinsfilet	in kleine Würfel schneiden;
60 g Weißbrot	in
Milch	einweichen und ausdrücken;
60 g Butter	erhitzen,
1 Zwiebel	fein hacken, anlaufen lassen,
Zucker	und
80 g Kraut (gehackt)	dazugeben, mit
Kümmel (gemahlen)	
Gewürzsalz	
Pfeffer	würzen und gardünsten. Die Masse mit Speck, Filetwürfeln und dem Weißbrot mischen, vom Herd nehmen,
3 Eidotter	
1/16 l Obers	unterrühren;
	mit
Majoran	
Muskat	
Petersilie	
Knoblauch	würzen;
16 Krautblätter	auflegen, die Masse darauf verteilen und einrollen. Die Rouladen in
Butter	anbraten, die geschnittenen
2 Karotten	
1 Lauch	
1/2 Sellerie	dazugeben,
1/2 l dunkles Bier	aufgießen und garziehen lassen. Die Rouladen und das Gemüse aus dem Fleischsaft nehmen, den Saft einkochen lassen und die Sauce mit
Butterflocken	verfeinern.
	Vor dem Servieren mit
Petersilie	bestreuen!

PILZSAUCE

1 Bund Suppengrün (Wurzelwerk)	putzen und sehr fein hacken,
1 Handvoll Pilze (getrocknet)	waschen und in lauwarmem Wasser einweichen;
50 g Butter oder Margarine	erhitzen und
1 kleine Zwiebel	fein hacken und anschwitzen, das gehackte Wurzelwerk beifügen und mitrösten. Mit
1 gehäuftem TL Mehl	stauben und mit
ca. 1/2 l Rindsuppe	und
ca. 1/4 l Bier	aufgießen, aufkochen lassen.
	Die würfelig geschnittenen
2 großen Kartoffeln	sowie
1 Knoblauchzehe	
1 Lorbeerblatt	
Majoran	beifügen, die ausgedrückten Pilze dazugeben und kochen, bis die Kartoffeln weich sind. Mit
Salz	
Pfeffer	abschmecken und vor dem Servieren mit
Petersilie	bestreuen!

Überbackene Kartoffeln

500 g Kartoffeln	schälen und in 0,5 cm dicke Scheiben schneiden;
125 g Speck (geräuchert)	in dünne Scheiben schneiden, in etwas
Bratfett	anbraten. Eine feuerfeste Form mit
2 EL Butter	ausstreichen und nun lagenweise Kartoffeln und Speck einlegen;
1/2 Tasse Obers **1/2 Tasse helles Bier** **1 Ei** **Salz** **Pfeffer**	verquirlen und über die Kartoffeln gießen. Mit
Semmelbröseln **Butterflocken**	und eventuell
Zwiebelringen	bestreuen und etwa 30 Min. im Backrohr überbacken.

TIP **Schmeckt sowohl als Beilage als auch als Hauptspeise sehr gut!**

Weisser Spargel in Bierteig mit Sauce cardinale

1 Flasche Bier **2 Eidotter** **150 g glattes Mehl** **Salz**	miteinander verrühren;
2 Eiklar	zu festem Schnee schlagen und unter den Teig heben. Ca. 30 Min. rasten lassen. Inzwischen
800 g weißen Spargel	schälen, durch den Teig ziehen und im heißen
Backfett	goldgelb ausbacken.
	Spargel auf Küchenkreppapier abtropfen lassen. Mit der kalten Sauce servieren!

Sauce cardinale

4 EL Mayonnaise **2 EL Obers** **1 EL Ketchup** **Zitronensaft** **Petersilie (gehackt)** **einige Tropfen Sherry**	zu einer glatten Sauce verrühren.

Kleingerichte

Bierrisotto

200 g Reis	in Wasser 20 Min. körnig weich kochen, abseihen und zur Seite stellen;
500 g Salatgurken	schälen, grobwürfelig schneiden, mit
1 EL Essig	übergießen und ziehen lassen;
1 Zwiebel	schälen, kleinwürfelig schneiden und in
1 EL Butter	anschwitzen lassen. Gurkenstücke zugeben und 5 Min. mitdünsten;
200 g Schinken (geräuchert)	in Streifen schneiden und dazugeben, mit
Pfeffer	
Salz	würzen und mit
1/8 l Bier	löschen. Bei mäßiger Hitze zugedeckt weitere 5 Min. dünsten;
500 g Tomaten	überbrühen, schälen, entkernen und klein schneiden. Reis und Tomaten zu den Gurken rühren und alles noch einmal 10 Min. dünsten.
	Vor dem Anrichten mit
4 EL Obers	und
2 EL Dille	verfeinern.

TIP **Auch andere frische Kräuter können jederzeit verwendet werden!**

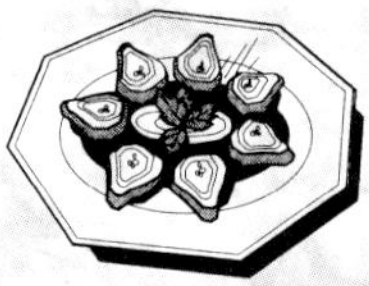

Bratwürstel in Biersauce

4 Stück Bratwürstel	in
2 EL Butter	auf beiden Seiten anbraten,
1 Zwiebel	fein hacken, mit
1 EL Mehl	stauben, mitrösten und mit
1/4 l Bier	ablöschen. Mit
Salz	
Pfeffer	abschmecken und zugedeckt ca. 10 Min. dünsten.

TIP Rotkraut und Kartoffeln schmecken dazu besonders köstlich!

Gebackene Käsewürfel

300 g glattes Mehl	mit
3 Eidotter	
1/4 l Bier	
Salz	und
3 Eiklar (geschlagen)	zu einem dickflüssigen Teig glattrühren. Das Eiklar vorsichtig unterheben;
600 g Emmentaler	in ca. 2 cm große Würfel schneiden, mit
Salz	
Pfeffer	würzen,
Pflanzenfett	auf ca. 170° C erhitzen. Käsewürfel in den Backteig tauchen, abtropfen lassen und, im Backteig schwimmend, goldgelb ausbacken. Aus dem Fett heben, auf mehreren Lagen Küchenkreppapier gut abtropfen lassen.

KÄSESPIESSE IN BIERTEIG

10 Scheiben	
Vollkornbrot	in Dreiecke schneiden,
600 g Tilsiter	in gleich große Stücke teilen, abwechselnd Brot und Käse auf Metallspieße stecken. Dazwischen mit etwas
Thymian	bestreuen, durch den Bierteig (siehe S. 120) ziehen und im heißen
Backfett	ausbacken.
	Heiß servieren!

TIP Dazu passen verschiedene Blattsalate!

KÄSETOAST

1 EL Butter	
1 EL Bier	erhitzen und nach und nach
250 g geriebenen Käse	dazugeben. Unter ständigem Rühren mit
1/2 TL Senf (Mostrich)	
Pfeffer	abschmecken. Zu einer dicken Creme verrühren, auf
8 Toastbrotscheiben	streichen und im Backrohr oder Griller überbacken.

TIP Schmeckt gut zu frischen Salaten!

LEBERKÄSEGULASCH

2 EL Öl	erhitzen,
1 Zwiebel	fein hacken,
1 Paprika	in Streifen schneiden und alles zusammen anrösten;
800 g Leberkäse	in Würfel schneiden, dazugeben und durchrösten;
4 Tomaten	schälen, würfelig schneiden, untermengen und mit
1/4 l Bier	und
1/4 l Rindsuppe	aufgießen. Mit
Salz	
Pfeffer	
Oregano	würzen und mit
2 EL Creme fraiche	verfeinern.

TIP Salzkartoffeln dazu können nur empfohlen werden!

OBATZDA

500 g reifer Camembert **250 g Doppelrahmkäse** **80 g Zwiebeln** **(fein gehackt)**	miteinander vermischen;
Bier	soviel dazugeben, daß eine streichfähige Masse entsteht. Mit
Salz **Pfeffer** **Kümmel (gemahlen)**	abschmecken.
	In den Kühlschrank stellen und kalt servieren!

TIP Dazu sollte dunkles Brot gereicht werden!

VOLLKORN-BIERWECKERLN

500 g Weizenvollkornmehl	
1/2 l helles Bier	miteinander verrühren und ca. 12 Stunden rasten lassen. Das Backrohr auf 220° C vorheizen;
400 g Weizenmehl	
1 EL Salz	
je eine Prise Koriander	und
Kümmel	dem Vorteig zugeben und gut unterarbeiten;
100 g Speck	
(geräuchert)	in einer Pfanne erhitzen,
1 kleine Zwiebel	klein schneiden und im Speck hellbraun anrösten. Zum Teiggemisch geben;
30 g Germ (Hefe)	
1 EL Zucker	in etwas warmem Wasser anrühren, zum Teig geben und gut durchkneten. An einem warmen Ort gehen lassen, bis der Teig auf die doppelte Menge aufgegangen ist. Daraus Weckerln formen und auf einem befetteten Blech im vorgeheizten Backrohr backen. Nach 10 Min. Temperatur auf 200° C zurückstellen und die Weckerln weitere 30 Min. braun backen. Während des Backens mehrmals mit Bier bestreichen.

TIP Die Weckerln schmecken mit Butter und frischem Schnittlauch besonders gut!

Fleischgerichte

Bierfleisch

3 EL Öl	erhitzen,
3 Zwiebeln	fein hacken, anlaufen lassen,
1 kg Schweinefleisch (von der Schulter)	würfelig schneiden und anrösten;
4 Karotten **1/2 Knolle Sellerie**	schälen und schneiden,
2 Knoblauchzehen	zerdrücken und zusammen mit dem Gemüse zum Fleisch mischen. Durchrösten, mit
Salz **Pfeffer** **1 EL Majoran**	würzen, mit
1 EL Mehl	stauben und mit
1/2 l Bier	ablöschen. Aufkochen lassen und im Rohr bei 200° C fertigdünsten. Öfters mit
Rindsuppe	aufgießen. Nach ca. 1 1/4 Std. sollte die Sauce sämig sein.

Bierkasserolle

600 g Rindfleisch	in Würfel schneiden,
2 EL Butter	erhitzen und das Fleisch darin rasch anbraten. In ein feuerfestes Geschirr umfüllen;
2 Zwiebeln	fein hacken,
2 dicke Scheiben Speck (geräuchert)	in Streifen geschnitten, im Bratenrückstand anrösten und alles zum Fleisch geben,
2 EL Mehl	darüberstreuen;
1 Lorbeerblatt **2 Knoblauchzehen** **150 g Pilze (getrocknet) oder Champignons (blättrig geschnitten)** **Salz** **Pfeffer**	unterrühren und mit
3/4 l hellem Bier	übergießen. Bei 170° C etwa 2 Std. zugedeckt im Backrohr köcheln lassen. Mit einem Schuß
Weinessig	abschmecken. Eventuell etwas Bier nachgießen.

Bierkraut mit Schweinefleisch und Äpfeln

40 g Schweineschmalz	erhitzen, darin
2 EL Zucker	bräunen. Mit
1/4 l Rindsuppe	und
1/4 l Bier	ablöschen;
750 g Weißkraut	in feine Streifen,
500 g Schweinebauch	in Würfel schneiden und dem Suppengemisch beigeben. Mit
Salz **Pfeffer** **1/2 TL Kümmel (gemahlen)**	würzen und bei kleiner Hitze ca. 45 Min. kochen;
500 g Äpfel	und
500 g Kartoffeln	in Würfel schneiden, untermischen und weitere 20 Min. kochen;
1 EL Speisestärke	in etwas Wasser glattrühren und dazumischen. Mit
1–2 EL Essig	abschmecken, eventuell noch salzen und pfeffern.
	Vor dem Servieren mit
1 Bund Petersilie (gehackt)	bestreuen!

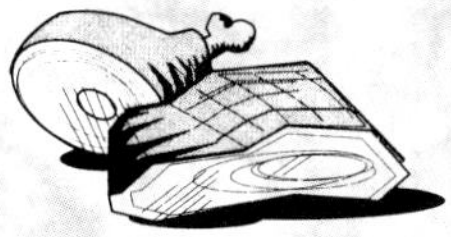

Bierschinken

1 1/4 kg Schinken (geräuchert)	abwaschen, in eine Bratform legen,
3 Zwiebeln	in Ringe schneiden, den Schinken damit belegen und
1 1/2–2 Flaschen dunkles Bier	darübergießen.
	Ca. 2 1/2 Std. bei 225° C garen lassen und dabei ständig mit Bier begießen. Den Bratensaft durch ein Sieb gießen (ev. mit Wasser auf 1/2 l auffüllen);
30 g Butter	erhitzen, darin
35 g Mehl	anbräunen und den Bratensaft unter Rühren mit dem Mixstab eingießen. Die Sauce ca. 8 Min. kochen lassen und mit
Kümmel **Pfeffer** **Salz**	abschmecken.
Kartoffelsauce	
1 kg Kartoffeln	schälen, in Würfel schneiden, in Salzwasser kernig weich kochen und nicht abseihen;
1 EL Butter	erhitzen,
1 EL Mehl	darin anbräunen und zu den Kartoffeln rühren;
3 EL Sauerrahm	verquirlen und zum Schluß unterziehen. Mit
1 TL Majoran **Salz** **Pfeffer**	würzen.

TIP Kartoffelsauce dazu ist besonders empfehlenswert!

Biersteaks

4 Kalbsteaks	salzen und in
50 g Butter oder Margarine	beidseitig goldbraun braten. Das Fleisch aus der Pfanne nehmen und zum Bratenrückstand
4 EL Sauerrahm	und
1/16 l Bier	geben. Den Saft eindicken lassen und mit
Pfeffer	abschmecken.
	Die Sauce über das Fleisch gießen und sofort servieren!

TIP In Butter geschwenkte Fisolen (grüne Gartenbohnen) dazureichen!

CHILI CON CARNE

1 große Zwiebel	und
1 scharfen roten Paprika	in Streifen schneiden und in
100 g Öl	hell anrösten;
400 g mageres Rindfleisch	in Würfel schneiden, dazugeben und dünsten lassen;
2–3 Pfefferoni	in Ringe schneiden und zusammen mit
2 EL Tomatenmark	einrühren, mit
etwas Rindsuppe	und mit
1/8 l Bier	aufgießen;
Chilisauce	
Tabasco	
Knoblauchzehe	
Pfeffer	dazugeben und zugedeckt weichdünsten;
250 g faschiertes (gehacktes) Schweinefleisch	mit einer eingeweichten, ausgedrückten
1/2 Semmel	
1/2 Zwiebel (gehackt)	
Knoblauch	
Petersilie	
Salz	
Pfeffer	
Cayennepfeffer	und
1 Ei	vermengen und zu einer festen Masse kneten. Kugeln formen und in
etwas Öl	rundum goldbraun braten.
	Nun zur Sauce geben,
1 Dose rote Bohnen	und
1 kleine Dose Mais	dazumischen.
	Alles gut durchgerührt und erhitzt zu Tisch bringen!

DEFTIGER SAUERKRAUTAUFLAUF

4 EL Öl **3 Zwiebeln**	erhitzen und darin die fein gehackten glasig werden lassen;
1 kg Sauerkraut **2 EL Tomatenmark** **5 Wacholderbeeren** **1 Lorbeerblatt** **Kümmel** **Salz** **Pfeffer** **Paprikapulver** **1/4 l helles Bier**	hinzufügen und alles ca. 20 Min. dünsten;
etwas Öl **400 g Schweinsschulter**	erhitzen und die würfelig geschnittene rundum anbraten;
500 g Kartoffeln	kochen, schälen und in Würfel schneiden. Eine feuerfeste Form befetten und das Sauerkraut, das Fleisch und die Kartoffeln einschichten, wobei die oberste Schicht aus Sauerkraut bestehen sollte. Die klein geschnittenen
6–8 Gewürzgurken	und
50 g Semmelbrösel	darüber verteilen,
Butterflocken	daraufsetzen und im Backrohr ca. 30 Min. bei 200° C überbacken.

TIP Frisches Bauernbrot dazu ist besonders bekömmlich!

Faschierter Braten

2 Semmeln	in
Milch	einweichen, ausdrücken und mit
750 g faschiertem (gehacktem) Fleisch vom Rind oder Schwein	vermischen;
1 Zwiebel	fein hacken, in
2 EL Butter	anlaufen lassen und zum Fleisch geben. Mit
Salz	
Pfeffer	
1/2 TL Majoran	
2 Knoblauchzehen (zerdrückt)	und
1 EL Petersilie (gehackt)	würzen und alles zusammen gut verkneten. Einen Laib formen, in eine befettete, feuerfeste Form legen, mit
50 g Speckscheiben	belegen und ca. 45 Min. bei 180° C im Backrohr braten. Während des Bratens immer wieder mit
1/4 l Bier	aufgießen. Vor dem Servieren die Sauce mit
2 TL Stärkemehl	binden.

TIP **Dazu ist Kartoffelpüree mit knusprigen Zwiebelringen ein ganz besonderer Genuß!**

Gulasch mit Bierkarotten

100 g Selchspeck **2 EL Schweinefett**	in Würfel schneiden und in rasch durchrösten;
800 g Schweinsgulasch-fleisch	in Stücke schneiden und ebenfalls rasch anbraten. Beides herausnehmen und im Bratenrückstand
4 feingehackte Zwiebeln	glasig werden lassen.
	Mit
1/4 l Bier	und
1/4 l Rindsuppe	ablöschen und die Sauce mit
Salz **Pfeffer** **1 EL Paprika** **1 EL Tomatenmark**	würzen. Die Fleisch-Speck-Würfel wieder einlegen und zugedeckt 40 Min. dünsten;
500 g Karotten	schälen, klein schneiden, zum Gulasch geben und weitere 30 Min. dünsten;
1/2 Becher Sauerrahm	mit
2 EL Mehl	verrühren und das Gulasch damit binden. Nicht mehr kochen lassen!

TIP Dazu sollten Teigwaren serviert werden!

KALBSBRUST IN BIERSAUCE

3 EL Butter	aufschäumen lassen,
4 Kalbsbrustschnitten	mit
Salz	
Pfeffer	einreiben und rasch in heißem Fett auf beiden Seiten anbraten. Das Fleisch aus der Pfanne nehmen und warm stellen;
2 Zwiebeln	fein hacken,
2 Karotten	schälen und blättrig schneiden, im Bratenrückstand anbraten. Mit etwas
Rindsuppe	und
1/2 l hellem Bier	aufgießen, das Fleisch dazugeben und im Rohr bei 200° C dünsten lassen. Nach ca. 1 Std.
3 Tomaten	enthäutet, in Würfel schneiden sowie
2 Zucchini	in Scheiben geschnitten, dazugeben und weitere 20 Min. fertiggaren. Mit
Rosmarin	
Knoblauch	
1 TL Tomatenmark	abschmecken und mit
1 EL Petersilie (gehackt)	bestreut servieren.

KALBSRAHMSCHNITZEL

1 EL Öl	erhitzen und
1 EL Butter	dazugeben;
4 Kalbsschnitzel	mit
Salz	
Pfeffer	einreiben und in das Fett legen. Auf jeder Seite 3–4 Min. braten, aus der Pfanne nehmen und warm stellen;
1 TL Paprika	ins Bratfett rühren, mit
Rindsuppe	aufgießen;
1/8 l Sauerrahm	und
1/8 l Bier	dazugeben und erhitzen. Die Sauce mit
Thymian	abschmecken und über die Kalbsschnitzel geben.

TIP Dazu schmecken Spätzle sehr gut!

KALBSSTEAK IN MORCHEL-BIER-SAUCE

4 Kalbssteaks	mit
Salz	
Pfeffer	
Salbei	würzen und in
3 EL Butter	beidseitig rasch anbraten. 2–3 Min. weiterbraten, in Alufolie wickeln und warm stellen. Im Bratfett
1 Zwiebel	
1 Knoblauchzehe	
150 g Morcheln	anrösten, mit
1/8 l Rindsuppe	aufgießen und kurz aufkochen;
1/8 l Obers	einrühren, mit
Salz	
Pfeffer	und
1/16 l Bier	abschmecken. Die Steaks einlegen und kurze Zeit darin ziehen lassen.

TIP Dazu Bandnudeln und Salat reichen!

Kräuter-Bier-Koteletts

200 g Champignons	putzen und blättrig schneiden, mit dem fein geschnittenen
1 Lauch **1 TL Majoran** **1 TL Kapern** **1 Bund Petersilie (fein gehackt)**	und
4 Knoblauchzehen (gehackt)	vermischen;
4 Schweinskoteletts	in heißer
Butter	anbraten, mit dem Gemüsegemisch belegen, mit
1/8 l Bier	sowie etwas Wasser aufgießen und weichdünsten.

TIP Reis als Beilage!

LAMMRAGOUT

3–4 EL Öl	erhitzen,
750 g Lammfleisch	in Würfel schneiden und rasch anbraten;
2 Knoblauchzehen (gepreßt)	dazugeben und mit
Salz	
Pfeffer	
Rosmarin	würzen;
1 EL Tomatenmark	unterrühren, mit
1/8 l Bier	und
1/8 l Rindsuppe	aufgießen und 1/2 Std. dünsten.

TIP **In Butter geschwenkte Nudeln sollten dazu serviert werden!**

OCHSENSCHWANZRAGOUT

2 EL Öl	erhitzen,
50 g Selchspeck	kleinwürfelig schneiden,
1 Zwiebel	
1 Knoblauchzehe	fein hacken und anrösten,
1 kg Ochsenschwanzstücke	darin anbraten. Mit
Salz	
Pfeffer	würzen, mit
1/4 l Bier	aufgießen und 2 Std. dünsten. Zwischendurch ca.
1/4 l Rindsuppe	nachgießen. Schließlich
200 g Stangensellerie	klein schneiden,
200 g Tomaten	enthäuten und mitdünsten. Mit
Petersilie	bestreut servieren!

TIP Als Beilage Erbsenreis reichen!

PAPRIKAKOTELETTS IN BIERRAHMSAUCE

4 Schweinskoteletts (vom langen Karree)	in heißer
50 g Butter oder Margarine	beidseitig goldbraun braten. Aus der Pfanne nehmen und zur Seite stellen. Im Bratenrückstand werden
150 g Hamburgerspeck	nudelig geschnitten, sowie
1 Zwiebel	
1 Paprika	durchgeröstet.
	Nun werden
1 TL Tomatenmark	und
1 TL milder Paprika	dazugegeben und mit
1/8 l Bier	sowie
1/4 l Obers	aufgegossen. Alles zu einer dicken Sauce kochen und mit
Knoblauch	
Salz	
Pfeffer	abschmecken.
	Das Fleisch auf einer Platte anrichten und mit der Sauce übergießen!

Pikante Schweinsschnitzel

60 g Butter	erhitzen,
2–3 Zwiebeln	fein hacken und glasig werden lassen,
2 Karotten	schälen, raspeln und 5 Min. dünsten lassen;
8 kleine Schweins-schnitzel	mit
Salz	
Pfeffer	bestreuen, in
2 EL Butter	anbraten und zum Gemüse geben.
	Ca. 10 Min. darin dünsten, mit
1/8 l Bier	und
1/8 l heißer Rindsuppe	ablöschen und mit
100 g Tomatenmark	sowie
1 EL Zucker	abschmecken.

Vor dem Servieren mit Petersilie bestreuen!

PIKANTES GESCHNETZELTES

2 Zwiebeln	fein hacken, in
1 EL Butter oder Margarine	glasig werden lassen. Herausnehmen und zur Seite stellen;
1 EL Butter	zum Fettrückstand geben und darin
4 Schweinsschnitzel	in Streifen geschnitten, rasch anbraten. Mit
1/4 l Bier	und
1/8 l Rindsuppe	ablöschen, mit
Salz	
Pfeffer	
1 Lorbeerblatt	
Gewürznelkenpulver	und
Tomatenmark	abschmecken und 10 Min. dünsten. Die
klein geschnittene 1/2 grüne Paprika	sowie
2 Gewürzgurken	dazugeben und noch 10 Min. köcheln lassen;
1/2 Becher Sauerrahm	gut verrühren und zur Sauce mischen. Mit
Schnittlauch	bestreut servieren!

RINDERFILETSPITZEN

200 g Zwiebeln (fein gehackt)	
50 g Hamburgerspeck	rasch anbraten, mit
1/4 l dunklem Bier	und
1/2 l Rindsuppe	aufgießen;
2 Knoblauchzehen	
Majoran	
Salz	
Pfeffer	
1 TL Kümmel (gemahlen)	
5 Wacholderbeeren	beigeben und mit
1 TL Koriander	sowie
1 Scheibe Schwarzbrot	1/2 Std. aufkochen. Durch ein Sieb streichen;
600 g Lungenbraten	in fingergroße Streifen schneiden, salzen, pfeffern und in
2 EL Öl	rasch anbraten. Filetspitzen mit Sauce vermischen und kurz durchkochen. Sofort anrichten;
8 Jungzwiebeln	in Scheiben und
4 Blätter Rohschinken	in Streifen schneiden, in etwas Butter sautieren und über das Fleisch streuen.

TIP Dazu passen Teigwaren!

RINDERGESCHNETZELTES

500 g Rindsfilet	in Streifen schneiden,
2 EL Bratfett	erhitzen und das Fleisch rasch anbraten. Aus der Pfanne nehmen und warm stellen;
1 Zwiebel	
1 Knoblauchzehe	fein hacken und in
2 EL Butter	glasig werden lassen. Mit
1 EL Mehl	bestäuben und leicht bräunen. Mit
1/4 l Suppe	sowie
1/4 l Bier	ablöschen und mit
Salz	
Pfeffer	
Thymian	würzen. Das Fleisch dazugeben und alles 20 Min. dünsten.

TIP Als Beilage Kartoffelpüree!

RINDFLEISCHTOPF

2 EL Bratfett	erhitzen,
2 Zwiebeln	fein hacken und glasig werden lassen, herausnehmen und zur Seite stellen;
1 EL Bratfett	in die Pfanne geben und
650 g Rindfleisch	in Würfel geschnitten, in
2 EL Mehl	gewendet, anrösten, zu den Zwiebeln geben und ebenfalls warm stellen. Den Bratenrückstand mit
2 großen Gläsern Bier	und
1 Schuß Essig	lösen. Dem Sud ferner
2 EL Suppe	
2 EL Tomatenketchup	
2 EL Tomatenmark	
1 TL Zucker	
Salz	
Pfeffer	
Thymian	
1 EL Petersilie (gehackt)	
1 Lorbeerblatt	beigeben.

Einige Minuten köcheln lassen.
Ein feuerfestes Geschirr mit Butter ausstreichen, eine Schicht des angebratenen Fleisches verteilen, eine Lage Zwiebel und darüber die Sauce. Weiterschichten, bis alles verbraucht ist.

Zudecken und ca. 90 Min. bei 180° C im Backrohr schmoren lassen.

Rindsbraten in Biersauce

1 kg Rindfleisch (vom Hinteren)	mit
100 g Räucherspeck	spicken und mit
Salz	
Pfeffer	einreiben. In heißer
40 g Butter	von allen Seiten anbraten. Das grob geschnitttene
150 g Wurzelwerk	und die fein gehackte
1 Zwiebel	dazugeben und mitrösten. Mit
40 g Mehl	stauben und durchrösten;
2 Tomaten	teilen und zusammen mit
1 EL Tomatenmark	beigeben. Mit
1/8 l Bier	ablöschen;
Rindsuppe	aufgießen, die Gewürze, wie
1 Lorbeerblatt	
10 Pfefferkörner	
1 Zweig Thymian	
Basilikum	beifügen und alles zusammen weichdünsten. Das Fleisch herausnehmen und warm stellen. Die Sauce passieren, aufkochen und mit
Salz	
Pfeffer	abschmecken.
	Das Fleisch quer zur Faser hin aufschneiden und mit der sämigen Sauce übergießen.

TIP Dazu schmecken Kartoffelknödel besonders gut!

RINDSBRATEN IN GEMÜSE

1 kg Rindfleisch	mit den kleingeschnittenen
2 Karotten	
1 Zwiebel	
1 Stange Porree	und
2 Lorbeerblätter	
4 Gewürznelken	
1/2 TL Thymian	in einen Topf geben;
1/2 l Bier	dazugießen und 24 Std. marinieren. Das Fleisch herausnehmen, abtropfen lassen;
3 EL Bratfett	erhitzen und das Fleisch auf allen Seiten rasch anbraten. Herausnehmen, zur Seite stellen und nun das abgeseihte Gemüse im Bratenfett anrösten. Mit der Marinade ablöschen;
1 EL Tomatenmark	
Salz	
Pfeffer	dazugeben, durchrühren und das Fleisch untermengen. Es muß mindestens zur Hälfte mit Flüssigkeit bedeckt sein. Den Topf zudecken und das Fleisch unter öfterem Wenden ca. 2 Std. schmoren lassen. Fleisch herausnehmen und warm stellen.
	Unterdessen die Sauce passieren und mit
1 EL Speisestärke	in ein wenig kaltem Wasser angerührt, binden.

TIP Dazu empfehlen sich verschiedene Teigwaren!

RINDSLUNGENBRATEN NACH BRAUMEISTERART

500 g Rindslungenbraten	mit
Salz	
Pfeffer	würzen und in heißer
60 g Butter oder Margarine	rasch braun anbraten (innen rosa). Aus dem Fett heben und zur Seite stellen.
	Im Bratenrückstand die feingeschnittene
1 Zwiebel	anrösten, die
200 g Champignons	waschen, blättrig schneiden und beigeben, etwas dünsten und mit
1/8 l Bier	ablöschen. Mit
1 EL Senf	
1 EL Ketchup	und
1 TL milder Paprika	würzen und zum Schluß die
4 Gewürzgurken (geschnitten)	
2 Tomaten (geschnitten)	sowie
1/4 l Obers	in die Sauce rühren.
	Das Fleisch beigeben, kurz erhitzen und sofort anrichten!

TIP Reis und grünen Salat als Beilage reichen!

RINDSSCHNITZEL (GEFÜLLT)

4 Rindsschnitzel	dünn ausklopfen, mit
Salz	
Pfeffer	würzen und mit
Senf	dünn bestreichen;
2 Essiggurken	in Streifen schneiden,
150 g Speck	klein schneiden,
1 Zwiebel	in Ringe schneiden, die Schnitzel damit belegen, einrollen und mit Garn fest zusammenbinden;
50 g Butter	erhitzen, die Rouladen darin rundum anbraten, das geschnittene
150 g Wurzelwerk	
1 Zwiebel	
1 Knoblauchzehe	
1 Lorbeerblatt	
5 Pfefferkörner	zugeben, mit
Rindsuppe	aufgießen und langsam weichdünsten. Die Rouladen herausnehmen, die Sauce passieren;
1/8 l Sauerrahm	
20 g Kartoffelstärke	
1/8 l Bier	glattrühren und die Sauce damit binden. Die Rouladen wieder einlegen und kurz erhitzen.

TIP Mit Teigwaren servieren!

Schweinskoteletts in Kümmel-Bier-Sauce

4 große Schweinskoteletts	den Rand einschneiden, mit
1/2 TL Kümmel (gemahlen)	
Salz	
Pfeffer	
Öl	marinieren. Beidseitig in
Mehl	wenden und in
3 EL Öl	rasch anbraten. Koteletts aus der Pfanne nehmen und warm stellen;
1 EL Butter	dem Bratenrückstand beigeben;
5 Knoblauchzehen	zerdrücken, kurz durchrösten und mit
1/16 l dunklem Bier	und
1/16 l hellem Bier	ablöschen und einkochen;
1/16 l Rindsuppe	aufgießen, mit
2 EL Butter	abschmecken.
	Koteletts anrichten und mit der Sauce übergießen!

TIP Als Beilage Sauerkraut!

SCHWEINSRAGOUT

2 EL Öl	erhitzen und die fein gehackten
4 Zwiebeln (mittelgroß)	anrösten. Ein wenig
scharfen Paprika	dazugeben und mit
1 Schuß Essig	ablöschen;
600 g Schweinefleisch	in Würfel schneiden, zu den Zwiebeln geben, gut durchrösten und mit
1/8 l Bier	ablöschen;
4 große Kartoffeln	in Salzwasser halbweich kochen und in Scheiben schneiden. In einer Pfanne in wenig
Öl	anrösten;
3 Knoblauchzehen	durch die Presse drücken,
3 große Paprika	in Streifen schneiden,
6 scharfe Pfefferoni	fein hacken,
2 Tomaten	enthäuten, achteln und alles zusammen mit den Kartoffeln durchrösten. Das Gemüse zum Fleisch geben, durchmischen und so lange dünsten, bis alles gar ist. Mit
Salz	
Pfeffer	würzen, ein wenig
Rindsuppe	aufgießen und abschmecken.

TIP Reis mundet dazu sehr gut!

Schweinsrücken mit Biersauce

1 kg Schweinsrücken	mit
Salz **Pfeffer** **5 Knoblauchzehen (gepreßt)** **1 EL Kümmel (gemahlen)**	einreiben und einige Stunden einwirken lassen;
Öl	erhitzen, das Fleisch rundum anbraten,
1/4 l Wasser	untergießen und ca. 45 Min. bei 200° C braten. Immer wieder mit dem Bratensaft begießen. Das Fleisch aus dem Rohr nehmen, mit Alu-Folie abdecken und ziehen lassen;
1/2 Zwiebel	fein hacken und im Bratenrückstand anschwitzen. Mit
1/8 l dunklem Bier	ablöschen und einkochen lassen;
1/4 l Bratensaft	oder
Rindsuppe	dazugeben und mit
2 EL kalter Butter	verfeinern.
	Den Braten aufschneiden, anrichten und mit Biersauce übergießen!

SCHWEINSSTELZE

1 fettarme Stelze (Eisbein)	in siedendem Salzwasser etwa 30 Min. ziehen lassen. Einen Teil des Wassers abgießen. Die Schwarte im Karomuster einschneiden, dabei darauf achten, daß das Muskelfleisch nicht durchschnitten wird;
1 Bund Wurzelwerk (Karotten, Sellerie, Petersilie)	putzen, in Stücke schneiden. Das Fleisch mit
Salz Kümmel Majoran 1 Apfel	einreiben und mit dem Gemüse sowie in Stücke geschnitten, braten;
1/2 l Bier	als Bratensaft statt des Wassers macht die Stelze besonders fein!

ZWIEBELFILET

750 g Rindsfilet	in 0,5 cm breite und 2 cm lange Streifen schneiden, in
4 EL heißem Öl	10 Min. rundum anbraten;
400 g Zwiebeln	in Ringe schneiden,
1 Knoblauchzehe	zerdrücken, zum Fleisch geben, mit
1 EL Mehl	bestäuben und mit
1/4 l Suppe	sowie
1/4 l hellem Bier	ablöschen. Ca. 15 Min. zugedeckt durchkochen, mit
Salz	
Pfeffer	
1/2 TL Kümmel	
1/2 TL Thymian	würzen und noch 5 Min. ziehen lassen.

TIP Mit Kartoffelrösti servieren!

GEFLÜGEL

BIERHÜHNCHEN

1 Hühnchen (ca. 1,30 kg) **60 g Butter**	in Stücke teilen und in heißer rundum anbraten;
1 Zwiebel **125 g Räucherspeck**	fein hacken, kleinwürfelig schneiden und zu den Fleischstücken geben;
1 TL Tomatenketchup	unterrühren. Mit einem kleinen Teil von
1/2 l Pils	ablöschen, köcheln lassen und immer wieder mit Bier aufgießen. Wenn die Hühnchenteile gar sind, aus der Pfanne nehmen und warm stellen;
125 g Champignons	feinblättrig geschnitten, in die Pfanne geben. In
100 g Obers **1 Eidotter**	verquirlen und zur Sauce geben (nicht kochen!). Mit
Salz **Cayennepfeffer** **Petersilie**	abschmecken und über die Hühnchenteile gießen.

TIP Dazu empfiehlt sich körniger Reis!

Eingemachtes Huhn

1 Huhn	waschen, ausnehmen und mit
Suppengrün	
Pfefferkörnern	sowie
1/2 Zwiebel	in Salzwasser auf den Herd stellen und fast weich kochen. Das Huhn aus der Suppe nehmen, auslösen, die Haut abziehen und das Fleisch in kleine Stücke teilen;
40 g Mehl	in
60 g Butter	anlaufen lassen, mit einem Teil der Hühnersuppe aufgießen und 10 Min. kochen;
1/8 l Bier	dazugeben und mit
Salz	
Zitronensaft	und ein wenig
Muskatnuß	abschmecken. Das Fleisch beigeben und noch einige Min. aufkochen;
1 Eidotter	mit
1/8 l Obers	verrühren und das fertige Ragout damit legieren.

HÜHNERFILETS

4 Hühnerschnitzel	zart klopfen und in
50 g Butter	beidseitig bei starker Hitze goldbraun anbraten. Das Fleisch zur Seite stellen;
100 g Champignons	waschen und feinblättrig schneiden,
100 g Räucherschinken	in dünne Streifen schneiden und zusammen im Bratenrückstand weichdünsten.
	Mit
1/8 l Bier	ablöschen und mit
Salz	
Pfeffer	würzen.
	Die Sauce über das Fleisch gießen und mit Gemüse-Mix servieren!

Hühnerlebergulasch

100 g Hamburgerspeck **Butter oder Margarine**	in einer Pfanne glasig werden lassen, beifügen;
1 Zwiebel **1 roten Paprika** **1 grünen Paprika**	fein hacken, und in Ringe schneiden und mit der Zwiebel durchrösten;
500 g Hühnerleber	waschen, abtupfen und in nicht zu kleine Stücke schneiden. Zum Gemüsegemisch geben, anrösten und kurze Zeit zugedeckt dünsten. Mit
1 TL Paprika **2 Knoblauchzehen (gepreßt)** **Pfeffer** **etwas Mehl** **Rindsuppe** **3 EL Bier**	 würzen, mit stauben und mit sowie aufgießen. Zu einer molligen Sauce kochen und zum Schluß das
Salz	einrühren.

TIP Mit Kümmelkartoffeln oder Bauernbrot servieren!

HÜHNERRAGOUT

1 Huhn	zerteilen und in
30 g Butter	rasch anbraten. Aus der Pfanne nehmen und warm stellen. In den Fettrückstand
200 g Zwiebeln (fein gehackt)	geben und durchrösten. Mit
1/4 l Bier	ablöschen und einkochen lassen;
500 g Tomaten	enthäuten, schneiden und in die Sauce geben, zerkochen lassen und zum Schluß die Hühnerteile dazugeben;
Petersilie (fein gehackt)	darüberstreuen.

TIP Als Beilage eignen sich Spinatspätzle sehr gut!

Festtagsente

Fülle	
50 g Butter	erhitzen, darin
2 Zwiebeln (fein gehackt)	anlaufen lassen,
100 g Entenleber	darin anrösten, mit
1/16 l Bier	ablöschen und alles kurz dünsten;
1–2 eingeweichte Semmeln	ausdrücken, mit
1 Ei	und
20 g Schinken (fein geschnitten)	
Petersilie	
Salz	
Pfeffer	gut vermengen und das Ganze auskühlen lassen;
1 Ente	waschen, ausnehmen, außen und innen mit
Thymian	einreiben, innen salzen und füllen. Dann zunähen, außen salzen und in heißer
100 g Butter	rundherum anbraten. Im Backrohr unter häufigem Begießen mit dem eigenen Saft sowie
3/8 l Bier	knusprig braten.

TIP Dazu schmecken Salzkartoffeln mit frischer Petersilie besonders gut!

Festtagsgans

1 Gans (küchenfertig, ca. 4 kg)	mit
Salz	
Pfeffer	
Knoblauchpulver	einreiben;
5 Äpfel	Kerngehäuse entfernen und die Gans damit füllen,
1 TL Thymian	einstreuen und zunähen. Die Haut mehrmals mit einer Gabel anstechen, damit das Fett austreten kann. Die Gans in eine Bratform legen,
1/4 l heißes Wasser	dazugießen und im Backrohr bei 250° C 2 1/2 Std. garen lassen. Zwischendurch mit dem Bratensaft begießen. Nach der Hälfte der Garzeit wenden und 15 Min. vor Ende mit
1/8 l hellem Bier	übergießen. Die Gans herausnehmen und warm stellen.
	Das Fett vom Bratensaft abschöpfen, diesen mit
3 EL Wasser	auskochen und durch ein Sieb gießen;
3 EL Rotwein	mit
2 EL Mehl	verrühren, die Sauce damit binden und mit
Salz	
Pfeffer	abschmecken.

TIP **Rotkraut und Kartoffelknödel empfehlen sich als Beilagen!**

PUTENGESCHNETZELTES

600 g Putenfleisch (ausgelöst)	in etwas erhitzter
Butter oder Margarine	in einer Pfanne rundum rasch anbraten. Das Fleisch aus der Pfanne nehmen;
1 Zwiebel	schälen, klein hacken und zusammen mit blättrig geschnittenen
200 g Champignons	im Fettrückstand durchrösten und weichdünsten. Mit
Pfeffer	
Salz	
1 TL Paprika	würzen. Mit
1/16 l Bier	ablöschen;
1/4 l Obers	einrühren und zu einer sämigen Sauce kochen lassen.
	Das Fleisch wieder dazugeben und kurz durchwärmen, sogleich servieren!

TIP Als Beilage schmecken grüne Nudeln besonders gut!

PUTENSCHNITZEL IN BIERTEIGHÜLLE

Marinade

1 Zwiebel	fein hacken und mit
25 g Kräutern	
1/2 Zitrone (Saft)	
1/8 l Weißwein	vermischen.
	Dann die
4 Putenschnitzel	salzen und 1–2 Std. lang in die Marinade legen.
200 g Mehl	
3 EL Öl	
Salz	
2 Eier	
1/8 l Bier	für den Backteig gut verrühren und quellen lassen. Das Fleisch mit Küchenkreppapier abtupfen, in den Backteig tauchen und langsam, in
Öl	schwimmend, goldbraun ausbacken.

TIP **Dazu wird am besten Gemüsereis mit Pignolien gereicht!**

Innereien

Leberwürfel

50 g Speck (durchwachsen)	in Würfel schneiden und heiß werden lassen;
2 Zwiebeln	fein hacken und mit dem Speck anrösten;
500 g Schweinsleber	in nußgroße Stücke schneiden, dazugeben und 3 Min. unter starker Hitze und öfterem Wenden durchrösten;
1/4 l dunkles Bier	aufgießen, weitere 5 Min. dünsten;
20 g Butter	unterrühren und mit
Salz	
Pfeffer	würzen. Die Leberstücke herausnehmen und warm stellen. Die Sauce etwas einkochen lassen und über die Leber gießen. Mit
Petersilie	bestreuen.

NIEREN IN BIERSAUCE

2 EL Öl	erhitzen und darin
2 Zwiebeln (fein gehackt)	goldbraun anrösten;
500 g Nieren (vom Schwein)	in Stücke schneiden, in
Mehl	wälzen und mit den Zwiebeln kurz anbraten. Die Nierenstücke aus der Pfanne nehmen und warm stellen. 2/3 von
1/4 l Bockbier	einrühren und ein wenig kochen lassen;
250 g Tomaten (geschnitten)	
125 g Pilze (geschnitten)	dazugeben, mit je einer Prise
Pfeffer	
Majoran	
Petersilie	
Rosmarin	
Oregano	
Paprika	
1 Knoblauchzehe (zerdrückt)	würzen und 20 Min. sanft köcheln lassen. Den Rest des Bieres und die angebratenen Nieren dazugeben und mit
Salz	abschmecken.

TIP Bandnudeln schmecken dazu besonders gut!

Fischgerichte

Fischragout in Biercurry

40 g Butter	erhitzen und darin die würfelig geschnittenen
2 Zwiebeln	glasig werden lassen;
1 Apfel	
1 Banane	in Würfel schneiden, mit
Zitronensaft	beträufeln, kurz mitdünsten,
2 TL Currypulver	unterrühren,
1/4 l helles Bier	und
1/8 l Rindsuppe	dazugießen und zum Kochen bringen;
750 g Kabeljaufilet	in Stücke schneiden, mit
Salz	
Pfeffer	
Zitronensaft	würzen und zur Sauce geben. Zugedeckt nun ca. 5 Min. köcheln lassen;
1/8 l Obers	mit
1 TL Stärkemehl	verrühren, die Sauce damit binden und noch 10 Min. schwach kochen lassen.

TIP **Salzkartoffeln und Endiviensalat sind dazu optimale Beilagen!**

FORELLEN IN BIER

3/4 l helles Bier **1/2 l Wasser** **2 Lorbeerblätter** **3 Gewürznelken** **5 Wacholderbeeren** **einige Pfefferkörner** **2 Zwiebeln**	zum Kochen bringen und darin
4 Forellen **(ausgenommen)**	ca. 10 Min. garziehen lassen.

TIP **Dillkartoffeln und braune Butter sind bewährte Beilagen!**

Karpfen in Bier

1 1/2 kg Karpfen (frisch)	filetieren und portionieren, mit
Salz	
Pfeffer	würzen, in heißer
Butter	auf beiden Seiten anbraten und warm stellen. Die ausgelösten Reste des Karpfens in einer Pfanne mit
1 Zwiebel	in ein wenig
Butter	anrösten. Mit
Balsamico-Essig	sowie
1/2 l Bier	ablöschen und
1 EL Honig	unterrühren. Den Saft gut verkochen, abseihen und die Karpfenfilets darin garziehen lassen. Die Karpfenfilets herausnehmen und wieder warm stellen.
	Den Saft solange kochen, bis er sich auf 1/3 reduziert hat;
Karpfenblut	einrühren, mit
1 EL Butter	
1 EL Balsamico-Essig	verfeinern und mit
Pfeffer	
Gewürzsalz	
Petersilie	abschmecken.
	Die Karpfenfilets auf Tellern anrichten und mit der Sauce übergießen!

KRÄUTER-SEEHECHT

4 Seehechtfilets	mit dem Saft von
1 Zitrone	beträufeln, mit
Salz	
Pfeffer	würzen, 10 Min. ziehen lassen,
50 g Butter	erhitzen und darin
2 Zwiebeln	fein gehackt,
500 g Champignons	blättrig geschnitten, anrösten;
2 EL Dille (gehackt)	
2 EL Petersilie (gehackt)	sowie
2 EL Schnittlauch (gehackt)	dazugeben und 5 Min. dünsten. Die Hälfte der Zutaten in einer befetteten Auflaufform verteilen, die Seehechtfiletstücke darauflegen und die restliche Pilzmasse daraufgeben. Mit
1/4 l Bier	aufgießen,
40 g Butterflocken	darüberstreuen und mit
4 EL Semmelbröseln	bestreuen.
	Im Backrohr bei 200° C 25 Min.überbacken.

TIP **Petersilienkartoffeln und grüner Salat schmecken dazu ganz hervorragend!**

Rotbarschfilets in Biersauce mit Gemüse

1 Packung Tiefkühlgemüse (Erbsen-Karotten)	auftauen, gardünsten, mit
Salz	
Pfeffer	abschmecken und warm stellen;
4 Rotbarschfilets	mit
Zitronensaft	beträufeln und salzen;
50 g Butter	erhitzen, die Filets an beiden Seiten anbraten, mit
1/4 l hellem Bier	ablöschen, 5 Min. dünsten lassen und aus der Pfanne nehmen;
1/8 l Obers	sowie
1 Eidotter	verquirlen, unter die Sauce rühren und mit
Zucker	
Salz	und
Zitronensaft	abschmecken.
	Fisch und Gemüse auf einer Platte anrichten und die Sauce dazureichen!

SCHOLLENFILETS IN BIERSAUCE

3 Stangen Porree	
3 Karotten	
1 Zwiebel	
1 Sellerie	putzen, in feine Streifen schneiden und in heißem
2 EL Öl	andünsten. Mit
1/2 l Bockbier	und
1/8 l Rindsuppe	aufgießen, aufkochen, mit
Salz	
Pfeffer	
4 Pfefferkörner	
3 Gewürznelken	
1 Lorbeerblatt	
Zitronenschale (unbehandelt)	
Zitronensaft	abschmecken und ca. 10 Min. köcheln lassen;
4 EL Obers	mit
2 EL Mehl	in
Wasser	anrühren und die Sauce damit binden;
8–10 Schollenfilets	mit
Zitronensaft	beträufeln, in die Sauce legen und 5 Min. garziehen lassen.
	Den Fisch auf eine Platte legen und mit der Sauce servieren!

Seelachs in Biersauce

800 g Seelachsfilet	in große Würfel schneiden, mit dem
Saft einer Zitrone	beträufeln, mit
Salz	
Pfeffer	würzen und ziehen lassen;
2 Zwiebeln	in
3 EL Butter	glasig werden lassen,
1 Apfel	schälen und in Würfel,
1 Banane	in Scheiben schneiden, mit
1/2 TL Curry	bestreuen, den Zwiebeln beigeben, kurz mitrösten;
1/4 l Bier	sowie
1/8 l Rindsuppe	aufgießen und kurz durchkochen. Die Fischstücke dazugeben und 10 Min. bei mäßiger Hitze dünsten;
1/8 l Obers	mit
1 EL Mehl	verrühren, zum Fisch gießen und alles 5 Min. ziehen lassen.

TIP Dazu paßt ausgezeichnet gekochter Reis!

Seelachs in Bierteig

750 g Seelachs	in Würfel schneiden, mit
Zitronensaft	beträufeln, mit
Salz	
Pfeffer	bestreuen und
1 TL Senf	unterrühren;
1/4 l helles Bier	
125 g Mehl	
2 EL Öl	
1 TL Zucker	
etwas Salz	miteinander gut verrühren. Die Fischwürfel in den Bierteig tauchen und im heißen
Backfett	goldbraun backen, auf Küchenkreppapier abtropfen lassen.

Sauce

1 Becher Joghurt	
2 EL Mayonnaise	
2 EL Obers	verrühren,
3 Gewürzgurken (kleinwürfelig geschnitten)	und
2 Eier (hartgekocht, gehackt)	unterrühren. Mit
Salz	
Pfeffer	
Tomatenketchup	abschmecken und mit
Schnittlauch (fein gehackt)	bestreuen.

Seelachs in Bierteighülle

750 g Seelachsfilet	in große Würfel schneiden,
Saft einer halben Zitrone	
Sojasauce	
Sherry (trocken)	mischen, den Fisch damit beträufeln und 10 Min. ziehen lassen. Die Würfel in Bierteig (siehe S. 120) tauchen und in heißem
Backfett	bei 175° C goldbraun ausbacken.

TIP Grüner Salat als Beilage!

Senfsauce zu Fischgerichten

30 g Butter	
35 g Mehl	zu einer Kugel verkneten, mit
2 TL Senf	unter ständigem Rühren zum kochenden
1/2 l Fischsud	geben;
1/8 l helles Bier	
4 Zitronenscheiben (unbehandelt)	
2 TL Zucker	
Salz	einrühren und 8 Min. kochen lassen.
	Etwas Sauce mit
3 Eidottern	verquirlen und unter Rühren zur Sauce geben. Mit
etwas Zimt	abschmecken.

TIP Schmeckt köstlich zu allen Arten von Fisch!

WILD

HASENTOPF

1 Hase (küchenfertig) **Kräutersenf**	in Stücke schneiden und mit bestreichen;
100 g Räucherspeck **30 g Butter**	in Würfel geschnitten, rasch anbraten, dazugeben und das Fleisch von allen Seiten anbräunen. Nach und nach
1/2 l Bier **1/2 l Rindsuppe**	sowie dazugießen und ca. 40 Min. dünsten;
1 Zwiebel **2–3 Knoblauchzehen** **2 Wacholderbeeren** **1 Lorbeerblatt** **Rosmarin** **Thymian** **Salz** **Pfeffer**	fein hacken, zum Fleisch geben und nochmals 20 Min. schmoren lassen. Den Bratensaft durch ein Sieb streichen;
1 EL Mehl **2 EL Wasser**	in anrühren, zum Saft geben und ca. 8 Min. köcheln lassen. Mit
3 EL Sauerrahm **1 EL Weinbrand**	abschmecken.

Rehfilet auf Biercremesauce

600 g Rehfilet	mit
Salz	
Pfeffer	einreiben, in
50 g Butter	rasch anbraten und 10 Min. bei 180° C im Rohr schmoren lassen;
1/4 l Märzenbier	
1 EL Gerste (geröstet)	auf 1/8 Liter einkochen lassen, mit
1/4 l Rindsuppe	auffüllen und mit
1/8 l Obers	binden;
Salz	
Pfeffer	zum Abschmecken.

TIP Erdäpfelknödel und Preiselbeeren sind hervorragende Beilagen!

REHKOTELETTS

8 Rehkoteletts (ca. 700 g)	in
4 EL Öl	
Zitronensaft	
1/2 TL Majoran	
1/2 TL Rosmarin	marinieren und einen Tag lang im Kühlschrank ziehen lassen;
1 EL Butter	erhitzen,
1 große Zwiebel	fein hacken und darin glasig werden lassen,
40 g Speck	würfelig schneiden und anbraten,
1 rote Paprikaschote	in feine Streifen schneiden und ebenfalls anbraten,
1/8 l dunkles Bockbier	dazugießen,
2 TL Paprika	unterrühren und aufkochen;
1 Würfel dunkle Sauce	mit
1/4 l Sauerrahm	anrühren, zum Gemüse geben, ca. 5 Min. durchkochen und die Sauce mit
Salz	
Pfeffer	abschmecken.
	Die Koteletts abtrocknen,
2 EL Öl	erhitzen und sie auf jeder Seite 4 Min. anbraten.
	Auf einer Platte anrichten und mit der Sauce übergießen!

TIP Dazu schmecken Kroketten besonders gut!

Rehrücken (gebeizt)

Beize

1 Bund Suppengrün	klein geschnitten,
3 Wacholderbeeren	
3 Pimentkörner	
6 Pfefferkörner	
1 Lorbeerblatt	
1/2 TL Thymian	
Pfeffer	
Salz	
2 Zwiebeln	in Würfel geschnitten und
1/4 l Wasser	zusammen aufkochen. Nach dem Erkalten
1/4 l Bockbier	dazugießen;
1,25 kg Rehrücken	in einen Gefrierbeutel geben, die Beize dazugießen, den Beutel gut verschließen und an einem kühlen Ort 2 Tage lang gut durchziehen lassen;
1 EL Öl	erhitzen, den kleinwürfelig geschnittenen
125 g Speck	darin anbraten. Den Rehrücken auspacken, abtrocknen, in eine Bratform geben, den Speck darübergeben und bei 250° C 20 Min. braten. Nach 10 Min. die Zutaten aus der Beize dazugeben. Nach weiteren 10 Min.
200 g Sauerrahm	in die Sauce quirlen. Den fertigen Braten auf einer Platte warm halten. Den Fleischsaft in der Bratform mit 1/8 der Beize aufkochen, durchsieben und die Zutaten gut ausdrücken;

REHRÜCKEN (GEBEIZT)

1 EL Mehl	in ein wenig Beize anrühren und ca. 5 Min. mit der Sauce aufköcheln lassen. Mit
Salz **Pfeffer**	abschmecken. Das Fleisch an beiden Seiten des Rückgrades lösen, schräg in Scheiben schneiden und wieder auf die Rippen legen. Ein wenig Sauce darübergießen, den Rest extra servieren!

TIP Dazu schmecken Serviettenknödel ausgezeichnet!

WILDRAGOUT

3 EL Öl	erhitzen,
50 g Räucherspeck	in Würfel schneiden,
2 Zwiebeln	fein hacken und rasch anbraten;
750 g Wild (Reh, Hirsch,	
Wildschwein)	in Würfel schneiden, mit
Mehl	bestäuben und rundum anbräunen;
1/2 TL Wacholderbeeren	
Thymian	
3/8 l dunkles Bier	dazugeben. Ca. 1 Std. dünsten und
150 g Steinpilze	
(getrocknet oder frisch)	beigeben, 15 Min. lang mitdünsten;
1 EL Mehl	in
2 EL Wasser	anrühren, die Sauce binden und schließlich mit
Obers	
Senf	
Salz	
Pfeffer	abschmecken.

TIP **Semmelknödel und Preiselbeeren schmecken dazu besonders gut!**

Saucen

Biersauce

2 Zwiebeln	in dünne Scheiben schneiden, mit
1 Lorbeerblatt	und
1/2 l Malzbier	ca. 10 Min. kochen;
30 g Butter	erhitzen,
2 Petersilienwurzeln	klein schneiden und im Fett gardünsten. Inzwischen
50 g Lebkuchen	in
3 EL Essig	und
etwas kochendem Malzbier	auflösen, mit dem Gemüse zum Bier geben und aufkochen lassen;
25 g Mehl	in
1/8 l kaltem Wasser	anrühren, zum Bier geben und die Sauce noch ca. 8 Min. aufkochen lassen. Mit
Zucker	
Salz	sowie
etwas Rotwein	abschmecken und mit dem Mixstab pürieren.

ZWIEBELSAUCE

2 EL Butter	erhitzen,
4 Zwiebeln	fein würfelig schneiden und zusammen mit
1 TL Zucker	leicht anbräunen,
1 EL Mehl	darüberstäuben, mit
1/8 l Rindsuppe	und
1/8 l Bier	ablöschen;
Kümmel	
Salz	
2 EL Essig	hinzugeben, 8 Min. kochen lassen und mit dem Mixstab
1/8 l Obers	einrühren.

NACHSPEISEN

APFELSCHEIBEN IN BIERTEIG

250 g glattes Mehl	
1 EL Öl	
1/4 l Bier	
1 EL Calvados	
3 Eidotter	zu einem Teig verrühren und 1 Std. lang quellen lassen;
3 Eiklar	steif schlagen und vorsichtig dem Teig unterziehen;
4 säuerliche Äpfel	schälen, das Kerngehäuse entfernen und in Ringe schneiden. Durch den Teig ziehen und im heißen
Backfett	auf jeder Seite goldgelb ausbacken. Mit
Zucker	und
Zimt	bestreuen und sofort servieren!

TIP Dazu paßt kalte Vanillesauce ganz ausgezeichnet!

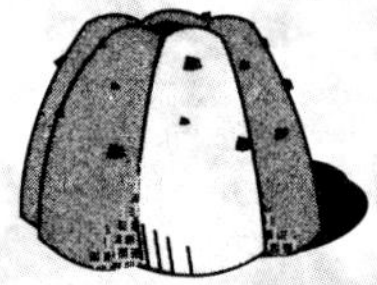

BIER-APFELSTRUDEL

300 g Mehl	
Salz	
1 Ei	
20 g Öl	mit
1/8 l hellem, lauwarmem Bier	und
1/8 l lauwarmem Wasser	vermischen und solange kneten, bis der Teig seidenglatt ist. Mit Öl bestreichen und an einem warmen Ort 30 Min. rasten lassen. Anschließend den Teig auf einem mit Mehl bestäubten Tuch dünn ausrollen. Die dicken Ränder abschneiden;
80 g Butter	zerlassen und den Teig beträufeln. Nun
1 1/2 kg Äpfel	schälen, in dünne Scheiben schneiden oder raffeln;
100 g Butterbrösel	
50 g Rosinen	
100 g Zucker	
Zimt	auf dem Teig verteilen. Zum Schluß mit
1/8 l Obers (geschlagen)	bestreichen. Den Teig einrollen, auf ein befettetes Backblech legen und bei 200° C goldbraun backen.
	Mit Staubzucker bestreut servieren!

BIERCREME

(für 2 Personen)

1/8 l dunkles Bier	
1 Eidotter	
50 g Zucker	im Wasserbad schaumig schlagen. Die in kaltem Wasser eingeweichten und ausgedrückten
2 Blatt Gelatine	dazugeben. Vom Herd nehmen und abkühlen lassen;
1 Eiklar	steif schlagen und mit
1 Becher Obers (geschlagen)	unter die Creme mischen.
	Kalt servieren!

BIERKRAPFERLN MIT TOPFENFÜLLE

150 ml Bier **Salz** **150 g Butter**	aufkochen lassen;
150 g Mehl	einstreuen und die Masse gut durchrösten. Anschließend
3 Eier	unterrühren. Die Masse erkalten lassen und mit dem Dressiersack auf ein befettetes Backblech Krapferln anrichten. Bei 220° C im Backrohr goldgelb backen. Vom Blech lösen und erkalten lassen!

Fülle

300 g Topfen (Quark) **100 g Honig** **70 g Obers**	schlagen,
80 g Weizenbier **Vanillezucker** **Zitronenschale (unbehandelt)** **Mandelaroma**	miteinander vermischen und die Krapferln damit füllen.

Bierkuchen

125 g Butter	
250 g Zucker	
3 Eier	flaumig rühren,
125 g Nüsse (gemahlen)	
1 TL Zimt	
1 Messerspitze Gewürznelken	
500 g Mehl	
1 Päckchen Backpulver	unterheben;
1/4 l dunkles Bier	nach und nach zugießen. Schließlich
125 g Sultaninen	
100 g Rosinen	
100 g Zitronat	
100 g Aranzini	untermischen.

Der Teig reicht für 2 Kuchenformen. Bei ca. 160° C 1 1/2 Std. lang backen.

Bierteig

1/4 l helles Bier **2 Eidotter** **250 g Vollwertmehl** **2 EL zerlassene Butter** **1 Prise Salz**	zu einem glatten Teig verarbeiten und ca. 20 Min. ziehen lassen;
2 Eiklar	zu steifem Schnee schlagen und unter den Teig heben.

TIP Dieser Backteig eignet sich für Gemüse, Fisch und Früchte!

Feiner Bierteig

250 g Mehl **1 Prise Salz** **3 Eidotter** **1 EL Kirschwasser** **1 EL Öl** **1/4 l helles Bier**	zu einem glatten Teig verrühren. Gut eine Stunde ziehen lassen;
3 Eiklar	zu festem Schnee schlagen und unter den Teig heben.

Bier-Mixgetränke

Bierbowle

400 g Sauerkirschen (eingelegt)	abtropfen lassen, Kirschsaft und
250 g Zucker	sowie
1 Zitronenschale (unbehandelt)	verrühren, aufkochen und erkalten lassen.
	Die Kirschen mit
3/8 l Kornbranntwein	Kirsch- und Zitronensaft sowie
1/2 l hellem Bier	mischen, 1 Std. lang kalt stellen und mit
2 l hellem Bier	auffüllen.
	Eisgekühlt servieren!

Biergrog

1 1/2 l dunkles Bier	
3 EL Zucker	
abgeriebene Zitronenschale (unbehandelt)	erhitzen, Gläser mit Zuckerrand versehen (mit dem Rand erst in Bier, dann in Zucker tauchen) und füllen.

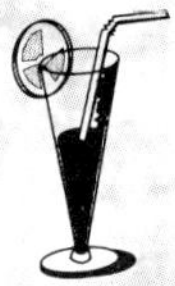

Bierjoghurt

1/2 l helles Bier	
600 g Joghurt	
1 EL Zucker	mit dem Saft von
1/2 Zitrone	mixen.
	In hohen Gläsern mit Zuckerrand servieren!

Bierlikör

1 l dunkles Bier	und
600 g Zucker	15 Min. kochen, auskühlen lassen,
1 Päckchen Vanillezucker	beigeben,
3/4 l Weinbrand	einrühren. In Flaschen füllen und 12 Std. lang stehen lassen.

TIP Gut gekühlt servieren!

Biermet

1/2 l Honigwein (Met)	
1/4 l Bier	mischen und in Gläser füllen.
	Gut gekühlt servieren!

Bierpunsch

3 Eiklar	mit
6 EL Staubzucker	steif schlagen und die Eidotter unterheben. Die Schale von
1 Zitrone (unbehandelt)	abreiben und mit
1 l hellem Bier	bis vor dem Kochen erhitzen. Vom Herd nehmen und unter die Eimasse rühren.
	In Gläser füllen und mit Zimt bestreut servieren!

Bismarck

1/2 l dunkles Bier	
1/2 l Sekt	mischen und in hohe Gläser füllen.

Fegefeuer

1/2 l Starkbier	
1/8 l Weinbrand	vermengen,
1/8 l Obers	
1 EL Brombeersaft	unterziehen. Das Getränk in Gläser füllen und auf jedes Glas eine mit Nescafé bestreute Zitronenscheibe (unbehandelt) setzen.
	Eiskalt servieren!

Festliche Bowle

1 Flasche kräftiger Rotwein	und
4 EL Zucker	verrühren, mit sehr gut gekühlten
2 Flaschen Sekt	sowie
3 Flaschen Starkbier	auffüllen.
	Mit
5 Schnapsgläsern Arrak	abschmecken. Zum Schluß einige
Eiswürfel	zugeben.

Gute-Nacht-Bier

1/2 l dunkles Bier	mit
2 EL Zucker	und
2 Gewürznelken	aufkochen,
2 EL Rum	dazugießen und in einen vorgewärmten Krug füllen.

TIP Es wird dringend geraten, sich nach dem Genuß in Bettnähe aufzuhalten...!

Heller Moritz

1 Flasche Weißbier	
1 kleine Flasche Sekt	in einem großen Gefäß mischen (schäumt sehr!). Dazu
1 Zitronenscheibe (unbehandelt)	die mehrfach angestochen wurde.

HÖLLENTRUNK

3/4 l Starkbier **1/4 l Rum** **Salz** **Pfeffer**	verrühren, in Gläser füllen, auf jedes Glas eine mit Nescafé bestreute
Zitronenscheibe (unbehandelt)	setzen.
	Eiskalt servieren!

HONIGBIER

1/2 l Bier **2 EL Honig**	erhitzen;
50 g Hafermehl	in ein wenig Bier angerührt, darunterrühren. Kühl stellen und vor dem Servieren
1 doppelten Whisky	dazugießen.

Schaumbier

4 Eier	in einen Topf geben. Mit
1 l Bier	und
100 g Zucker	sowie
Zitronenschale (abgerieben, unbehandelt)	vermischen. Unter ständigem Schlagen bis kurz vor dem Kochen erhitzen, vom Herd nehmen, noch kurz weiter schlagen und in Gläser füllen.

Weihnachtsbier

1 l dunkles Bier	
3 EL Honig	
1 Prise Pfeffer	
1 Prise Ingwer	
1 Prise Zimt	
2–3 Gewürznelken	kurz aufkochen. Achtung! Die Flüssigkeit schäumt schnell über! Vom Herd nehmen, 2 Std. lang ziehen lassen, abseihen, nochmals erhitzen und servieren.

TIP **Lebkuchengebäck schmeckt dazu besonders gut!**

WEISSBIER MIT SCHUSS

1 Flasche Weißbier	gut gekühlt in weite, kelchartige Gläser füllen,
Himbeersaft	nach Geschmack hinzufügen, eine
Zitronenspirale (unbehandelt)	an den Rand des Glases hängen.
	Mit Strohhalm servieren!

WEIZENBIERBOWLE

1 l Weizenbier	mit
1 l trockenem Sekt	vorsichtig vermischen,
1 Zitrone (unbehandelt)	in Scheiben schneiden, mehrmals einstechen und dazugeben.
	Eiskalt servieren!

INHALT „KOCHEN MIT BIER“